# TOURISTISCHE ATTRAKTIONEN IN MOROCCO

# (REISEFÜHRER)

MOHAMMED ALI

# EINSATZ

Ich widme dieses Buch dem allmächtigen Gott dafür, dass er es vom Anfang bis zum erfolgreichen Abschluss dieses Buches möglich gemacht hat. Ich bin sehr dankbar. Das Buch ist auch meiner Mutter, meiner Frau und Herrn Issah für die Unterstützung und Fürsorge während meiner Lebensreise im Tourismus und in allen Aspekten meiner Lebensbemühungen gewidmet. Ich schätze alles.

# Table of Contents

# EINFÜHRUNG

Jedes Land hat seine eigene Geschichte. Historische Fakten, Ereignisse und wichtige Meilensteine, die dem Land seinen wahren historischen Wert verliehen haben. Die Geschichte eines Landes gehört zu den erinnerungswürdigen Ereignissen, was auf Marokko perfekt zutrifft. Mit mehreren Dynastien, die im Laufe der Jahre aufeinander folgten. Die Idrissiden-Dynastie, die Almoraviden-Dynastie, die Almohaden-Dynastie, die Meriniden-Dynastie, die Saadier-Dynastie und die Alaouiten-Dynastie, Marokko hat als multikulturelles Land internationale Beachtung gefunden, mit mehreren Arten von Kulturerbe, die von der UNESCO zum Weltkulturerbe erklärt wurden. Marokko ist eines der beliebtesten Reiseziele für Entdeckungsliebhaber, die am meisten von Natur, Geschichte, Lebenskunst und marokkanischer Gastfreundschaft fasziniert sind. Die während ihrer Reisen in Marokko gesammelten Erfahrungen machen sie mit ihrem Aufenthalt angenehm zufrieden.

In der zweiten Hälfte der 1980er und Anfang der 1990er Jahre besuchten zwischen 1 und 1,5 Millionen Europäer Marokko. Die meisten dieser Besucher waren Franzosen oder Spanier, jeweils etwa 100.000 aus Großbritannien, Italien, Deutschland und den Niederlanden. Touristen besuchten hauptsächlich große Badeorte entlang der Atlantikküste, insbesondere Agadir. Ungefähr 20.000 Saudi-Arabien-Besucher kamen, einige von ihnen kauften Ferienhäuser. Die Einnahmen aus dem Tourismus gingen 1990, dem Jahr, in dem der Golfkrieg begann, um 16,5 % zurück. 1994 schloss Algerien seine Grenze zu Marokko nach dem Angriff von Marrakesch, wodurch die Zahl der algerischen Besucher erheblich zurückging; 1994 gab es 70.000 Besucher und 1995 13.000, verglichen mit 1,66 Millionen im Jahr 1992 und 1,28 Millionen im Jahr 1993. Im Jahr 2017 gab es 10,3 Millionen Touristenankünfte, verglichen mit etwa 10,1 Millionen im Jahr 2016, was einer Steigerung von 1,5 % gegenüber dem Vorjahr entspricht . 30 % der Touristen gehörten zu den 3,8 Millionen im Ausland lebenden Marokkanern. Marrakesch selbst hatte 2017 über 2 Millionen Besucher. 2019 besuchten mehr als 13 Millionen Touristen Marokko. Im Jahr 2020 erlebte Marokko aufgrund der Ausbreitung von COVID-19 mit nicht mehr als 4 Millionen Touristen ein Allzeittief.

# CHEFCHAOUEN

Chefchaouen ist zweifellos eine der malerischsten Städte Marokkos und eine der buntesten Städte der Welt. Die Einheimischen nennen es einfach Chaouen, aber für Ausländer ist es als "die blaue Stadt" bekannt. Die Straßen und die meisten Gebäude in der Altstadt sind himmelblau gestrichen, was der gesamten Stadt eine postkartenähnliche Qualität verleiht, die sich umwerfend sehen lässt. Es liegt im Rif-Gebirge und ist im Vergleich zu anderen marokkanischen Städten entspannt, also ist es eine schöne Möglichkeit, eine Pause vom Trubel von Marrakesch oder Casablanca zu machen. Die blauen Gebäude ziehen Reisende in die Stadt, aber es ist der entspannte Lebensstil und die Bergkulisse, die sie in sie verlieben.

## GESCHICHTE

Die Stadt Chefchaouen wurde 1471 als Kasbah oder Zitadelle gegründet, um portugiesische Invasionen aus dem Norden abzuwehren. Bald darauf wuchs die Stadt und wurde zu einem Knotenpunkt für Mauren und Juden, die während der Reconquista aus Spanien vertrieben wurden.

Der Ursprung der bemalten Häuser der Stadt ist nicht klar, aber er begann irgendwann im 20. Jahrhundert. Es gibt verschiedene Theorien, einige romantischer als andere. Eine davon ist, dass Blau den Himmel und den Himmel symbolisiert, und die Bewohner haben ihre Häuser gestrichen, um dies widerzuspiegeln. Eine andere Theorie besagt, dass neu angekommene jüdische Einwohner, die während des Zweiten Weltkriegs aus Europa flohen, die Tradition begannen, ihre Häuser blau zu streichen. Wieder andere sagen, dass Blau hilft, Moskitos abzuwehren, oder dass die Regierung die Änderung angeordnet hat, um Touristen anzulocken. Was auch immer der Grund ist, es hat eine der idyllischsten Städte der Welt geschaffen.

## PLANEN SIE IHRE REISE

Beste Reisezeit: Die beste Reisezeit für Chefchaouen ist von Mai bis September, wenn das Wetter warm und der Himmel klar ist. Chefchaouen wird nicht so heiß wie andere Städte im Landesinneren wie Marrakesch oder Fès, daher ist die Sommerzeit nicht ganz so brutal. Während der Weihnachts- und Osterferien füllt sich die Stadt mit spanischen Schülern in den Schulferien.

- Sprache: Marokkanisches Arabisch wird von Einheimischen gesprochen, aber aufgrund des Tourismus können sich viele Einwohner zumindest teilweise auf Englisch, Spanisch und Französisch unterhalten.
- Währung: Die verwendete Währung ist der marokkanische Dirham. Marktstände und örtliche Restaurants akzeptieren möglicherweise keine Kreditkarten, nehmen Sie also auf jeden Fall Bargeld mit (Geldautomaten sind in der Stadt vorhanden).
- Fortbewegung vor Ort: Chefchaouen kann zu Fuß erkundet werden, obwohl viele Straßen eng und steil sind und viele Stufen haben. Außerhalb des historischen Zentrums stehen auch Taxis zur Verfügung.
- Reisetipp: Der Busbahnhof liegt etwa 15 Minuten bergab vom historischen Zentrum entfernt, was sich wie eine Odyssee anfühlen kann, wenn es sehr heiß oder kalt ist oder Sie Gepäck haben. Taxis stehen immer in der Nähe des Busbahnhofs, um die Fahrt zu erleichtern. Achten Sie nur darauf, einen Preis festzulegen, bevor Sie ins Auto steigen.

## DINGE DIE ZU TUN SIND

Das Beste an einem Besuch in Chefchaouen ist, sich im Labyrinth der blau getönten Straßen zu verlieren. Die Farbe der Häuser vor der Bergkulisse lässt die ganze Stadt traumhaft erscheinen, und ob Sie Fotograf sind oder nicht, Sie werden eine Kamera mitnehmen wollen. Verlieren Sie sich in der Medina, wie der alte Teil der Stadt genannt wird, wo Sie Souvenirs kaufen, sich in einem Hammam abwaschen oder sich ein handgezeichnetes Henna-Tattoo stechen lassen können. Die Plaza Uta el-Hammam ist das Herz der Medina und der Ort, um eine Pause einzulegen, Pfefferminztee zu trinken und die Welt vorbeiziehen zu sehen.

- Einkaufen in der Medina: Chefchaouen ist ein Traum zum Shoppen, besonders wenn Sie ein begrenztes Budget haben. Es gibt jede Menge kleine stilvolle Handtaschen, Lampenschirme und lockere Baumwollkleidung zu genießen. Es gibt immer Stände zum Stöbern, aber der Souk – oder Markt – montags und donnerstags in der Medina ist besonders einen Besuch wert. Wenn Sie nach etwas Spezifischerem suchen, sollten Sie besser in Fès oder Marrakesch einkaufen, wo es mehr Möglichkeiten gibt.

- Kasbah-Museum: Kasbah bedeutet Zitadelle oder Festung, und dieses Museum erforscht die Geschichte der Stadt, als sie einst als Stützpunkt zum Schutz der Region diente. Für Reisende, die mehr über die Städte erfahren möchten, die sie besuchen, sollte dies ein Zwischenstopp auf Ihrer Chefchaouen-Route sein.
- Spanische Moschee: Die Spanische Moschee ist nicht nur ein wichtiger Ort der Anbetung in der Stadt, sondern bietet auch einige der besten Panoramablicke auf die Blaue Stadt. Es ist etwa eine 45-minütige Wanderung, um es vom östlichen Tor von Chefchaouen aus zu erreichen, aber die Aussicht ist die Mühe wert (besonders, wenn Sie zum Sonnenauf- oder -untergang dort ankommen).
- Wandern: Das Rif-Gebirge, das Chefchaouen umgibt, eignet sich bei schönem Wetter ideal für eine Tageswanderung. Sie können eine geführte Wanderung buchen oder direkt von der Stadt aus auf eigene Faust losziehen. Die meisten Marihuana-Farmen Marokkos befinden sich jedoch im Rif-Gebirge, also weichen Sie nicht zu weit vom Weg ab.

Traditionelle marokkanische Küche ist in Chefchaouen leicht zu finden, insbesondere das Nationalgericht Tajine.

Tajine ist ein Eintopf aus Gemüse und Fleisch – oft Lamm oder Schaf – der langsam geröstet und in einem Keramiktopf, auch Tajine genannt, serviert wird. Andere typische Gerichte, die Sie probieren sollten, sind Couscous und Harira, eine Tomatensuppe mit Kichererbsen. Die Region Chefchaouen ist bekannt für die Herstellung von Olivenöl und Ziegenkäse, und Sie werden beide Artikel auf dem Souk-Markt von lokalen Produzenten zum Verkauf sehen.

Bier und Wein werden in vielen Restaurants serviert, die auf Touristen ausgerichtet sind, aber Sie werden sie nicht überall finden. Um Ihre Mahlzeiten herunterzuspülen, wird Ihnen ein Wasserkocher mit marokkanischem Minztee serviert, der im ganzen Land allgegenwärtig ist. Der Tee ist gesüßt und enthält frische Minzblätter, die mit dem Tee zu steil sind, und kann morgens, tagsüber oder abends genossen werden.

Restaurants und Cafés säumen eine Seite der Plaza Uta el-Hammam mit Blick auf die Große Moschee und die Mauern der Medina. Wenn die Sonne untergeht, werden Essensstände aufgebaut, die allerlei leckere Snacks anbieten. Die Restaurants und Cafés bieten traditionelle marokkanische Gerichte sowie westliche Speisen.

## WO ÜBERNACHTEN

Wo Sie übernachten, hängt davon ab, welche Art von Erfahrung Sie suchen. Die meisten Unterkünfte befinden sich im Trubel der Medina, die direkt im Epizentrum des Stadtlebens liegt, aber nicht die entspannendste ist. Wenn Sie nach einem Ort suchen, an dem Sie abschalten und die Landschaft genießen können, suchen Sie sich ein Zimmer in den nahe gelegenen Bergen rund um die Spanische Moschee. Die gute Nachricht ist, dass, egal wo Sie wohnen, alles in der Stadt bequem zu Fuß oder mit einer kurzen Taxifahrt erreichbar ist.

Eine Sache, auf die Sie in Ihrer Unterkunft achten sollten, ist eine Dachterrasse. Sie sind in den meisten Hotels und Hostels in der Stadt üblich, stellen Sie also sicher, dass Ihre Auswahl eines enthält. Es gibt wirklich keinen besseren Weg, den Tag zu beginnen, als mit einem Frühstück mit Blick auf die Blaue Stadt, wenn die Sonne aufgeht.

Die Anreise nach Chefchaouen ist einfach, da täglich Busse von und nach Tanger, Casablanca und Fès fahren. Tanger ist die nächstgelegene größere Stadt und etwa drei Stunden entfernt, während Fès vier Stunden mit dem Bus und Casablanca sechs Stunden entfernt sind. Städte abseits der Haupttouristenrouten wie Tetouan und Meknes sind sogar noch näher.

Von Tanger aus können Sie auch ein großes Taxi nehmen, ein gemeinsames Fahrzeug, das für lange Strecken verwendet wird. Sie zahlen nur für Ihren Sitzplatz und es ist eine sehr kostengünstige Art, sich fortzubewegen, aber wenn andere Passagiere zu anderen Orten fahren und Sie zuletzt abgesetzt werden, kann es eine Weile dauern.

## KULTUR UND BRAUCHE

In Chefchaouen und den meisten arabischen Kulturen gilt die linke Hand als unrein. Wenn du isst oder auf etwas zeigst, verwende dazu immer deine rechte Hand.

Im Islam ist Freitag der heilige Wochentag und viele Geschäfte oder Restaurants können geschlossen sein, planen Sie also entsprechend.

Obwohl Marokko im Allgemeinen ein sicheres Reiseland ist, ist es wahrscheinlich, dass Frauen, die alleine unterwegs sind, unerwünschte Aufmerksamkeit von Männern erhalten.

Amateurfotografen machen oft Fotos von Einheimischen, ohne um Erlaubnis zu fragen, und die Bewohner sind verständlicherweise abgeneigt, sich fotografieren zu lassen. Wenn Sie ein Bild von jemandem haben möchten, fragen Sie immer zuerst und fühlen Sie sich nicht brüskiert, wenn jemand ablehnt.

Um Zugriff auf Handydaten zu haben, kaufen Sie eine lokale SIM-Karte in jedem Tabakladen oder Elektronikgeschäft. Sie können zu einem Bruchteil des Preises, den Sie für internationales Roaming zahlen würden, auf Karten zugreifen oder nach Sehenswürdigkeiten suchen.

Ein großes Taxi von Tanger zu nehmen ist der günstigste Weg, um nach Chefchaouen zu gelangen. Sie sind nicht immer die zuverlässigste Methode, aber es ist sicher ein unvergessliches Erlebnis.

Tauschhandel gibt es nicht nur auf den Märkten, sondern so ziemlich überall (außer in Restaurants). Wenn Sie für ein Taxi, einen Mietwagen oder eine Tour bezahlen, versuchen Sie immer, den Preis zu senken, bevor Sie akzeptieren.

# MEDINA VON MARRAKESCH

Das reiche Erbe von Marrakesch ist fast tausend Jahre alt. Hier scheint die Zeit stehen geblieben zu sein. Die Kultur ist lebendig.

Auf dem Platz Jemaa El Fna können Sie die Kultur und die Lichter genießen. Erleben Sie diesen Treffpunkt, an dem die Menschen verschiedene Köstlichkeiten essen und in den hellen Lichtern seiner Shows schwelgen und die lokalen Köstlichkeiten genießen. Geschichtenerzähler, Sänger, Wahrsager und Gnawa-Musiker, der Platz weiß seinen Charme zu variieren.

Marrakesch veranstaltet auch seinen Teil der großartigen Festivals. Die Stadt ist ein Wahrzeichen der Filmbranche. Jedes Jahr im Dezember findet hier das Internationale Filmfestival von Marrakesch statt, das die größten Namen der Kinoleinwand anzieht. Mitte des Jahres wird die Volkskunst mit einem eigenen Festival geehrt, bei dem die Besucher mit traditionellen Liedern, Tänzen und Musik Marokkos verwöhnt werden. Genießen Sie diese hautnahe Begegnung mit der Kultur des Landes in einem unbeschwerten Ambiente.

Seien Sie den ganzen Tag Teil dieses kulturellen Ereignisses in den Cafés und Parks der Stadt.

## DER UNBERÜHRTE CHARME VON MARRAKESCH

In den rosigen Glanz seiner Lehmwände getaucht, öffnet das schöne Marrakesch seine Türen für alle Kulturliebhaber. Innerhalb seiner Mauern stehen architektonische Meisterwerke, in denen Sie die Fußabdrücke antiker Zivilisationen sehen können. Marrakesch ist eine Mischung aus verschiedenen Einflüssen und ein Farbmosaik, in dem sich die Wunder der Vergangenheit und Gegenwart treffen.

Schlendern Sie durch die Stadt. Gehen Sie unter einer Tür der Medina hindurch und wagen Sie sich in die Altstadt. Hier schlägt das historische Herz der ehemaligen königlichen Hauptstadt, wo die berühmte Koutoubia liegt Minarett steht. Mit einer Höhe von 77 Metern können Sie den Leuchtturm von Marrakesch sehen, der eines der Symbole der islamischen Kunst ist, da sein Design sowohl den Hassan-Turm in Rabat als auch die Giralda in Sevilla inspiriert hat.

Etwas weiter entfernt erwarten Sie die von der Almohaden-Dynastie gegründeten Menara-Gärten.

Genießen Sie die Frische des Ortes und seiner Olivenhaine. Wenn die Sonne den Horizont bedeckt, erstrahlt der Ort und erinnert an die Märchen aus Tausendundeine Nacht.

Auf dieser Reise erkunden Sie endlose Schätze, die die Geschichte in der ockerfarbenen Stadt hinterlassen hat.

# SEHR CHEBBI

Erg Chebbi ist einer von mehreren großen Dünenmeeren in Marokko, die aus vom Wind verwehtem Sand geformt wurden. Es gibt mehrere andere Ergs wie Erg Chigaga in der Nähe von M'hamid. Technisch gesehen befinden sich alle diese Ergs in einem Gebiet der halbtrockenen Vorsahara-Steppe und nicht in der Sahara-Wüste, die in einiger Entfernung im Süden liegt.

An manchen Stellen erheben sich die Dünen von Erg Chebbi bis zu 150 Meter über die umliegende Hamada (Steinwüste) und erstrecken sich insgesamt über eine Fläche von 28 Kilometern von Norden nach Süden und bis zu 5–7 Kilometern von Osten nach Westen entlang der algerischen Grenze.

Die nächste größere Stadt ist Erfoud, etwa 60 Kilometer weiter nördlich. Eine weitere Stadt ist Rissani, etwa 40

Kilometer von Merzouga entfernt. Rissani war der Standort eines Königreichs namens Sijilmassa, das vom 8. bis zum 14. Jahrhundert aufgrund seiner Kontrolle über die Karawanenrouten wohlhabend wurde.

Obwohl Regen nicht sehr häufig ist, zerstörten Überschwemmungen im Jahr 2006 neben den Dünen viele Gebäude und töteten drei Menschen.

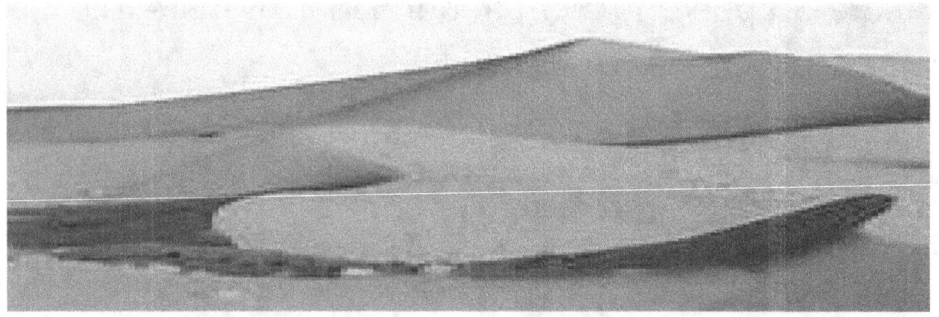

Merzouga, das örtliche Touristenzentrum, liegt am westlichen Windschatten der Dünen, zusammen mit etwa 70 oder mehr Hotels und Herbergen, die von Nord nach Süd entlang der Dünen verlaufen. Viele Unternehmen bieten Kamelausflüge in die Dünen an und bringen Touristen zu Übernachtungsausflügen zu permanenten Campingplätzen mehrere Kilometer in den Erg hinein und außer Sichtweite der Hotels. Die Nähe des Erg Chebbi zum Touristenzentrum hat dazu geführt, dass der Erg manchmal als „Dünen von Merzouga" bezeichnet wird.

In der wärmsten Zeit des Jahres kommen Marokkaner nach Erg Chebbi, um sich für ein paar Minuten halstief im heißen Sand zu vergraben. Dies gilt als Behandlung von Rheuma.

# TUN SIE DAS BALI

Fes el Bali, „altes Fes", ist der älteste von Mauern umgebene Teil von Fes, Marokko. Fes el Bali wurde zwischen 789 und 808 n. Chr. als Hauptstadt der Idrisiden-Dynastie gegründet. Die UNESCO hat Fes el Bali zusammen mit Fes Jdid 1981 unter dem Namen Medina von Fes zum Weltkulturerbe erklärt. Die Weltkulturerbestätte umfasst das Stadtgefüge und die Mauern von Fes el Bali sowie eine Pufferzone außerhalb der Mauern, die die visuelle Integrität des Ortes bewahren soll. Fes el Bali ist zusammen mit Fes Jdid und der von den Franzosen gegründeten Ville Nouvelle oder „Neustadt" einer der drei Hauptbezirke von Fès.

Die alte Medina von Fès. Blick über die Straße Tala'a Kebira und das Minarett der Madrasa Bou Inania (links) und eine weitere Moschee (rechts).

Blick auf Bab Ftouh, das Südtor der Stadt, Anfang des 20. Jahrhunderts.

Als Hauptstadt für sein neu erworbenes Reich entschied sich Idris ibn Abdallah im Jahr 789 n. Chr. für den Bau einer neuen Stadt am rechten Ufer des Flusses Fez. Viele der ersten Einwohner waren Flüchtlinge, die vor einem Aufstand in Cordoba (dem heutigen Spanien) flohen. Im Jahr 809 beschloss jedoch sein Sohn Idris II., eine eigene Hauptstadt am gegenüberliegenden Ufer des Flusses Fes zu gründen. Obwohl sie nur durch einen relativ kleinen Fluss getrennt waren, entwickelten sich die Städte getrennt und wurden zu zwei eigenständigen Städten, bis sie im 11. Jahrhundert von den Almoraviden vereint wurden. Auch dieses Mal entschieden sich viele Flüchtlinge, sich in der neuen Stadt niederzulassen, doch dieses Mal flohen sie vor einem Aufstand in Kairouan. Die Universität von Al-Karaouine (oder al-Qarawiyyin) wird von traditionellen Quellen als von einer dieser Flüchtlinge, Fatima al-Fihri, im Jahr 859 gegründet. UNESCO und Guinness World

Records betrachten sie als die älteste kontinuierlich betriebene Universität der Welt . Die Al-Andalusiyyin-Moschee (oder Moschee der Andalusier) am gegenüberliegenden Ufer des Flusses soll ebenfalls im selben Jahr von ihrer Schwester gegründet worden sein.

Unter den Almoraviden verlor Fez seinen Status als Hauptstadt, die in das neu geschaffene Marrakesch verlegt wurde. Während der Herrschaft der Almohaden (12.–13. Jahrhundert) war Fes eine blühende Handelsstadt, obwohl es keine Hauptstadt war. Mit rund 200.000 Einwohnern wurde sie in dieser Zeit sogar zur größten Stadt der Welt.

Nachdem sie die Almohaden in Marokko besiegt hatten, verlegten die Mariniden die Hauptstadt von Marrakesch zurück nach Fès. Dies markierte den Beginn der größten Periode in der Geschichte von Fès. Als die Mariniden 1276 die Hauptstadt nach Fez verlegten, begannen sie mit dem Bau einer neuen Stadt außerhalb der alten Stadtmauern. Zuerst hieß es Madinat al-Bayda ("die Weiße Stadt"), wurde aber schnell als Fes el-Jdid ("Neues Fes") bekannt, während die Altstadt als Fes el-Bali ("Altes Fes") bekannt wurde. ). Die Mariniden bauten die ersten echten Madrasas in Marokko, zu denen viele der bemerkenswertesten architektonischen Denkmäler der

Stadt gehören, wie die Madrasa Bou Inania, die Madrasa Al-Attarin und die Madrasa Sahrij.

Die saadische Dynastie (16. und frühes 17. Jahrhundert), die Marrakesch wieder als ihre Hauptstadt nutzte, widmete Fès nicht viel Aufmerksamkeit, mit Ausnahme der reich verzierten Waschpavillons, die während ihrer Zeit zum Innenhof der Qarawiyyin-Moschee hinzugefügt wurden. Sie bauten eine Reihe neuer Festungen und Bastionen rund um die Stadt, die anscheinend darauf abzielten, die Kontrolle über die lokale Bevölkerung zu behalten. Sie befanden sich größtenteils auf einer Anhöhe mit Blick auf Fes el-Bali, von wo aus sie die Stadt leicht mit Kanonen hätte bombardieren können. Dazu gehören die Kasbah Tamdert, direkt innerhalb der Stadtmauern in der Nähe von Bab Ftouh, und die Forts von Borj Nord (Borj al-Shamali) auf den Hügeln im Norden, Borj Sud (Borj al-Janoub) auf den Hügeln im Süden und der Borj Sheikh Ahmed im Westen, an einem Punkt in den Mauern von Fes el-Jdid, der Fes el-Bali am nächsten war. Diese wurden im späten 16. Jahrhundert hauptsächlich von Sultan Ahmad al-Mansur erbaut.

Erst als der Gründer der alaouitischen Dynastie, Moulay Rashid, 1666 Fès einnahm, erlebte die Stadt, wenn auch nur für kurze Zeit, eine Wiederbelebung. Er baute die Kasbah Cherarda (auch als Kasbah al-Khemis bekannt) nordwestlich von Fes el-Jdid, um einen großen Teil seiner Stammestruppen zu beherbergen. Er restaurierte oder baute auch wieder auf, was als Kasbah an-Nouar bekannt wurde, die zum Wohnquartier seiner Anhänger aus der Region Tafilalt (dem Stammsitz der Alaouite-Dynastie) wurde. Aus diesem Grund war die Kasbah auch als Kasbah Filala ("Kasbah der Leute von Tafilalt") bekannt. Moulay Isma'il, sein Nachfolger, wählte stattdessen das nahe gelegene Meknès als seine Hauptstadt, aber er restaurierte oder baute einige wichtige Denkmäler in Fes el-Bali wieder auf, wie die Zawiya von Moulay Idris II. Während die Erbfolgekonflikte zwischen den Söhnen von Moulay Isma'il einen weiteren Tiefpunkt in der Geschichte der Stadt darstellten, stieg das Vermögen der Stadt nach 1757 mit der Herrschaft von Moulay Muhammad Ibn Abdallah und unter seinen Nachfolgern endgültig an.

Die letzte große Änderung an der Topographie von Fès vor dem 20. Jahrhundert erfolgte während der Regierungszeit von Moulay Hasan I (1873-1894), der Fès el-Jdid und Fès el-Bali schließlich durch den Bau eines ummauerten Korridors verband. Innerhalb dieses neuen Korridors zwischen den beiden Städten wurden neue

Gärten und Sommerpaläste gebaut, die von den Königen und der High Society der Hauptstadt genutzt wurden, wie die Jnan Sbil Gardens und der Dar Batha Palast.

1912 wurde nach dem Vertrag von Fès die französische Kolonialherrschaft über Marokko eingeführt. Fès war nicht mehr das Machtzentrum Marokkos, als die Hauptstadt nach Rabat verlegt wurde, das auch nach der Unabhängigkeit 1956 die Hauptstadt blieb. Beginnend unter dem in Frankreich ansässigen General Hubert Lyautey war eine wichtige Politik mit langfristigen Folgen die Entscheidung, weitgehend darauf zu verzichten Sanierung bestehender historischer ummauerter Städte in Marokko und ihre bewusste Erhaltung als Stätten des historischen Erbes, die heute noch als "Medinas" bekannt sind. Stattdessen baute die französische Verwaltung neue moderne Städte (die Villes Nouvelles) direkt außerhalb der alten Städte, in denen europäische Siedler größtenteils mit modernen Annehmlichkeiten im westlichen Stil residierten. Die heutige Existenz einer Ville Nouvelle ("Neue Stadt") neben einer historischen Medina von Fès war somit eine Folge dieser frühen kolonialen Entscheidungsfindung und hatte weitreichendere Auswirkungen auf die Entwicklung der gesamten Stadt. Während die neue Kolonialpolitik historische Denkmäler bewahrte, hatte sie langfristig auch andere Folgen, indem sie die Stadtentwicklung in diesen historischen Gebieten blockierte. Wohlhabende und bürgerliche Marokkaner begannen in der Zwischenkriegszeit, in die moderneren Ville Nouvelles zu ziehen. Die Altstadt (Medina) von Fès hingegen wurde zunehmend von ärmeren Landmigranten besiedelt.

Heute ist Fes el-Bali und die größere historische Medina aufgrund ihres historischen Erbes ein wichtiges Touristenziel. In den letzten Jahren wurden Anstrengungen unternommen, um seine historische Struktur wiederherzustellen und zu rehabilitieren, die von Restaurierungen einzelner Denkmäler bis hin zu Versuchen zur Rehabilitierung des Flusses Fez reichten.

Tala'a Kebira, die längste und eine der wichtigsten Straßen, verläuft zwischen dem westlichen Eingang der Stadt und dem Al-Qarawiyyin-Viertel im Zentrum. Auf einem Großteil seiner Länge beherbergt er verschiedene Souks und Geschäfte.

Die Stadt liegt an beiden Seiten des Flusses Fez (auch bekannt als Oued Bou Khhrareb). Obwohl Teile der Mauer und einige ihrer historischen Tore verschwunden sind, ist Fes el-Bali immer noch größtenteils von einem langen und gewundenen Ring aus Verteidigungsmauern umgeben. Diese wurden durch eine Reihe von Toren betreten, von denen die wichtigsten Bab Mahrouk (obwohl das nahe gelegene Bab Bou Jeloud heute berühmter ist), Bab Guissa und Bab Ftouh waren. Am westlichen Ende der Stadt befanden sich zwei historische Kasbahs (befestigte Umfriedungen), die mit der Stadt verbunden waren: die Kasbah an-Nouar, die noch heute an der Nordseite des Place Bou Jeloud steht, und die Kasbah Bou Jeloud, deren Mauern inzwischen verschwunden sind die aber direkt südwestlich des heutigen Bab Bou Jeloud-Tors stand. Die Kasbah Bou Jeloud war historisch gesehen die Residenz des Gouverneurs und der Sitz der Regierungskontrolle. Dort steht noch heute die von den Almohaden erbaute Bou-Jeloud-Moschee, einer der wenigen Überbleibsel der ursprünglichen Anlage.

Wie in vielen mittelalterlichen islamischen Städten verlaufen die Hauptsoukstraßen der Stadt typischerweise von den Haupttoren der Stadt zum Bereich der Hauptmoschee der Stadt: in diesem Fall die Qarawiyyin und in geringerem Maße die Zawiya von Moulay Idris II und die Moschee der Andalusier. Diese Moscheen wiederum befinden sich innerhalb oder in der Nähe der wichtigsten Handels- und Wirtschaftszonen der Stadt. Die Souk-Straßen selbst bilden die wichtigsten Handelsachsen der Stadt und beherbergen die meisten ihrer Funduqs (Gasthäuser für Händler). Infolgedessen mussten Händler und ausländische Besucher selten außerhalb dieser Gebiete wandern, und die meisten der von ihnen abzweigenden Straßen führten nur zu örtlichen Wohnstraßen (oft als Derbs bezeichnet), von denen viele in Sackgassen führten. Noch heute findet man Touristen im Allgemeinen nur auf diesen Haupthandelsstraßen. Die wichtigsten Denkmäler und Institutionen der Stadt befinden sich ebenfalls auf oder in der Nähe der Hauptstraßen der Souks. Dementsprechend hat die Medina eine zusammenhängende und hierarchische Stadtstruktur, die sich auf zwei Ebenen unterscheiden lässt. Auf lokaler Ebene sind einzelne Quartiere und Quartiere auf Wohn-, Gewerbe- und Industriezwecke spezialisiert. Auf einer breiteren Ebene ist die Stadt in Bezug auf wichtige Punkte wie Tore und Hauptmoscheen organisiert. Auf dieser breiteren Ebene gibt es ungefähr vier Hauptzentren städtischer Aktivität und Organisation: eines rund um die Qarawiyin-Moschee, eines rund um die Moschee der Andalusier, ein weiteres rund um die Madrasa-Moschee Bou Inania und die historisch getrennte Agglomeration Fes el-Jdid .

Fes el-Bali zeichnet sich auch dadurch aus, dass es ein großes autofreies Stadtgebiet (ca. 300 Hektar) ist, was auf die gut erhaltene städtische Struktur traditioneller enger Straßen und Gassen zurückzuführen ist, die für Autos ungeeignet sind. Nur eine Hauptstraße durchdringt die Medina von Süden, folgt dem Lauf des Flusses und erreicht den Place R'cif in der Nähe des Stadtzentrums, der den Zugang für öffentliche Verkehrsmittel und Rettungsfahrzeuge ermöglicht

# AÏT BENHADDOU

Die Stätte des Ksar wurde seit dem 11. Jahrhundert während der Almoravidenzeit befestigt. Es wird angenommen, dass keines der heutigen Gebäude aus der Zeit vor dem 17. Jahrhundert stammt, aber sie wurden wahrscheinlich mit den gleichen Bauweisen und Designs gebaut, die Jahrhunderte zuvor verwendet wurden. Die strategische Bedeutung des Standorts beruhte auf seiner Lage im Ounila-Tal an einer der wichtigsten Transsahara-Handelsrouten. Der Tizi n'Tichka-Pass, der über diese Route erreicht wurde, war eine der wenigen Routen über das Atlasgebirge, die zwischen Marrakesch und dem Dra'a-Tal am Rande der Sahara kreuzte. Andere Kasbahs und Ksour befanden sich entlang dieser Route, wie das nahe gelegene Tamdaght im Norden.

Der Ksar selbst ist heute nur noch spärlich von mehreren Familien bewohnt. Die Entvölkerung im Laufe der Zeit ist eine Folge des Verlustes der strategischen Bedeutung des Tals im 20. Jahrhundert. Die meisten Einheimischen leben heute in modernen Wohnungen im Dorf auf der anderen Seite des Flusses und leben von der Landwirtschaft und insbesondere vom Tourismus. Im

Jahr 2011 wurde eine neue Fußgängerbrücke fertiggestellt, die den alten Ksar mit dem modernen Dorf verbindet, mit dem Ziel, den Ksar zugänglicher zu machen und die Bewohner möglicherweise zu ermutigen, wieder in seine historischen Häuser zu ziehen.

Das Ksar liegt an den Hängen eines Hügels neben dem Fluss Ounila (Asif Ounila). Die Gebäude des Dorfes sind innerhalb einer Verteidigungsmauer gruppiert, die Ecktürme und ein Tor umfasst. Sie umfassen Wohnungen unterschiedlicher Größe, die von bescheidenen Häusern bis zu hohen Gebäuden mit Türmen reichen. Einige der Gebäude sind in ihren oberen Teilen mit geometrischen Motiven verziert. Das Dorf hat auch eine Reihe von öffentlichen oder Gemeinschaftsgebäuden wie eine Moschee, eine Karawanserei, eine Kasbah (burgähnliche Festung) und den Marabout von Sidi Ali oder Amer. Auf der Spitze des Hügels mit Blick auf den Ksar befinden sich die Überreste eines großen befestigten Getreidespeichers (Agadir). Es gibt auch einen öffentlichen Platz, einen muslimischen Friedhof und einen jüdischen Friedhof. Außerhalb der Mauern des Ksar befand sich ein Bereich, in dem Getreide angebaut und gedroschen wurde.

Die Strukturen des Ksar bestehen vollständig aus Stampflehm, Lehmziegeln und Holz. Stampflehm (auch bekannt als pisé, tabia oder al-luh) war ein äußerst praktisches und kostengünstiges Material, erforderte jedoch eine konsequente Pflege. Es bestand aus komprimierter Erde und Schlamm, die normalerweise mit anderen Materialien gemischt wurden, um die Haftung zu verbessern. Die Strukturen von Ait Benhaddou und anderen Kasbahs und Ksour in dieser Region Marokkos verwendeten typischerweise eine Mischung aus Erde und Stroh, die relativ durchlässig war und im Laufe der Zeit durch Regen leicht erodiert wurde. Infolgedessen können Dörfer dieser Art bereits wenige Jahrzehnte nach ihrer Aufgabe zu zerfallen beginnen. In Ait Benhaddou wurden höhere Strukturen bis zum ersten Stockwerk aus Stampflehm gebaut, während die oberen Stockwerke aus leichterem Lehm bestanden, um die Belastung der Wände zu verringern.

Der Ksar wurde in der Neuzeit umfassend restauriert, teilweise dank seiner Nutzung als Hollywood-Drehort und seiner Aufnahme in die UNESCO-Liste des Weltkulturerbes im Jahr 1987. Die UNESCO berichtet, dass der Ksar „seine architektonische Authentizität in Bezug auf bewahrt hat Konfiguration und Materialien", indem traditionelle Baumaterialien und -techniken weiter verwendet und neue Betonkonstruktionen weitgehend vermieden werden. Ein lokales Komitee ist für die Überwachung und Verwaltung des Standorts zuständig.

# ESSAOUIRA

Essaouira liegt an der Kreuzung zwischen zwei Stämmen: den arabischen Chiadma im Norden und den Haha-Berbern im Süden. Dazu kommen noch die ursprünglich aus dem südlichen Afrika stammenden Gnawa und die Europäer, und schon ergibt sich eine reiche kulturelle Mischung.

Der schön benannte Alizee oder Taros auf Berber – das hat es Essaouira (essa-weera oder es-sweera auf Arabisch) ermöglicht, seine traditionelle Kultur und seinen Charakter zu bewahren. Die meiste Zeit des Jahres bläst der Wind hier so stark, dass ein Entspannen am Strand unmöglich ist, was bedeutet, dass die Stadt von den Horden von Strandtouristen umgangen wird, die im Sommer zu anderen Reisezielen an der Atlantikküste kommen. Bekannt als die „Windstadt Afrikas", zieht es zwischen April und November viele Windsurfer an, aber die meisten Besucher kommen im Frühjahr und Herbst hierher, um durch die nach Gewürzen duftenden Gassen und palmengesäumten Alleen der befestigten Medina zu schlendern und zu stöbern Besuchen Sie die vielen Kunstgalerien und

Boutiquen, entspannen Sie sich in einigen der besten Hotels des Landes und sehen Sie zu, wie Fischernetze geflickt und traditionelle Boote im äußerst stimmungsvollen Hafen gebaut werden.

# VOLUBILIS

Volubilis ist eine teilweise ausgegrabene berber-römische Stadt in Marokko, die in der Nähe der Stadt Meknès liegt, und war möglicherweise die Hauptstadt des Königreichs Mauretanien, zumindest seit der Zeit von König Juba II. Vor Volubilis war möglicherweise Gilda die Hauptstadt des Königreichs.

Erbaut in einem fruchtbaren landwirtschaftlichen Gebiet, entwickelte es sich ab dem 3. Jahrhundert v. Chr. Als Berber-, dann proto-karthagische Siedlung, bevor es die Hauptstadt des Königreichs Mauretanien wurde. Unter römischer Herrschaft wuchs es ab dem 1. Jahrhundert n. Chr. schnell und dehnte sich auf etwa 42 Hektar (100 Acre) mit einem 2,6 km (1,6 Meilen) langen Mauerring aus. Die Stadt erhielt im 2. Jahrhundert eine Reihe wichtiger öffentlicher Gebäude, darunter eine Basilika, ein Tempel und ein Triumphbogen. Sein Wohlstand, der hauptsächlich aus dem Olivenanbau stammte, veranlasste den Bau vieler schöner Stadthäuser mit großen Mosaikböden.

Die Stadt fiel um 285 an lokale Stämme und wurde wegen ihrer Abgeschiedenheit und Unhaltbarkeit an der südwestlichen Grenze des Römischen Reiches nie von Rom zurückerobert. Es war noch mindestens 700 Jahre lang bewohnt, zunächst als latinisierte christliche Gemeinde, dann als frühislamische Siedlung. Im späten 8. Jahrhundert wurde es Sitz von Idris ibn Abdallah, dem Gründer der marokkanischen Idrisiden-Dynastie.

Bis zum 11. Jahrhundert war Volubilis aufgegeben worden, nachdem der Machtsitz nach Fès verlegt worden war. Ein Großteil der lokalen Bevölkerung wurde in die neue Stadt Moulay Idriss Zerhoun umgesiedelt, etwa 5 km von Volubilis entfernt.

Die Ruinen blieben im Wesentlichen intakt, bis sie Mitte des 18. Jahrhunderts durch ein Erdbeben zerstört und anschließend von marokkanischen Herrschern geplündert wurden, die nach Steinen für den Bau von Meknès suchten. Erst in der zweiten Hälfte des 19. Jahrhunderts wurde die Stätte endgültig als die der antiken Stadt Volubilis identifiziert. Während und nach der Zeit der französischen Herrschaft über Marokko wurde etwa die Hälfte der Stätte ausgegraben, wobei viele schöne Mosaike freigelegt wurden, und einige der prominenteren öffentlichen Gebäude und hochrangigen Häuser wurden restauriert oder rekonstruiert. Heute ist es eine UNESCO-Welterbestätte, die als "ein außergewöhnlich gut erhaltenes Beispiel einer großen römischen Kolonialstadt am Rande des Imperiums" aufgeführt ist.

Die Ursprünge seines Namens sind unbekannt, könnten aber eine Lateinisierung des Amazigh-Wortes Walilt sein, was Oleander bedeutet, der an den Seiten des Tals wächst.

Das Lewis & Short Latin-Wörterbuch gibt die lateinische Bedeutung von "volubilis" an als "das [das] umgedreht wird oder (häufiger) das [das] sich dreht, dreht, spinnt, wirbelt, kreist, rollt, dreht." Das Wort wird in Horaces Epistel labitur, et labetur in omne volubilis aevum ("Es fließt und wird fließen, für immer wirbelnd") erwähnt. Im klassischen Latein wurde das "v" in "volubilis" wie ein "w" ausgesprochen die Aussprache näher an modernen Amazigh und arabischen Aussprachen.

Charles-Joseph Tissot (1828–1884) entdeckte, dass das, was einige arabische Quellen als „Qasr Fara'on" (Pharao-Palast) bezeichneten, mit Volubilis übereinstimmte. Dieser Begriff wird noch heute von den Einheimischen verwendet, manchmal abgekürzt als „der Palast". .

## STIFTUNG UND RÖMISCHE BESETZUNG

Volubilis wurde an einem flachen Hang unterhalb des Zerhoun-Berges erbaut und steht auf einem Bergrücken über dem Tal von Khoumane (Khuman), wo es auf einen kleinen Nebenfluss namens Fertassa trifft. Es überblickt eine hügelige, fruchtbare Schwemmlandebene nördlich der modernen Stadt Meknès. Das Gebiet um Volubilis ist mindestens seit dem spätatlantischen Neolithikum vor etwa 5.000 Jahren bewohnt; Archäologische Ausgrabungen an der Stätte haben neolithische Keramik mit einem Design gefunden, das mit in Iberia gefundenen Stücken vergleichbar ist. Im dritten Jahrhundert v. Chr. waren die Karthager dort präsent, wie die Überreste eines Tempels für den punischen Gott Baal und Funde von Töpferwaren und Steinen belegen, die in phönizischer Sprache beschriftet sind.

Die Stadt lag im Königreich Mauretanien, das nach dem Fall Karthagos im Jahr 146 v. Chr. ein römischer Vasallenstaat wurde. Der punische Einfluss hielt danach noch lange an, da die Magistrate der Stadt den karthagischen Titel eines Suffeten noch lange nach dem Ende der punischen Herrschaft beibehielten. Juba II. von Numidien wurde 25 v. Chr. von Augustus auf den mauretanischen Thron gesetzt und richtete seine Aufmerksamkeit auf den Bau einer königlichen Hauptstadt in Volubilis. In Rom erzogen und mit Kleopatra Selene II., der Tochter von Markus Antonius und Kleopatra, verheiratet, waren Juba und sein Sohn Ptolemäus durch und durch romanisierte Könige, obwohl sie berberischer Abstammung waren; Ihre Vorliebe für römische Kunst und Architektur spiegelte sich deutlich in der Gestaltung der Stadt wider.

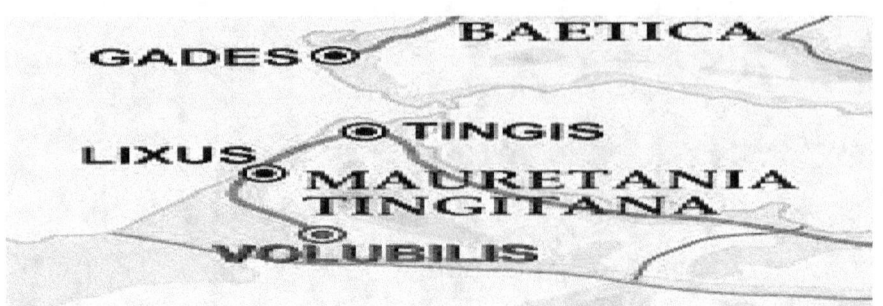

Karte von Mauretanien Tingitana mit dem Standort von Volubilis

Nachdem Claudius Mauretanien im Jahr 44 n. Chr. annektiert hatte, wuchs die Stadt aufgrund ihres Reichtums und Wohlstands, der aus den fruchtbaren Böden der Provinz stammte, die wertvolle Exportgüter wie Getreide, Olivenöl und wilde Tiere für Gladiatorenspektakel hervorbrachten, erheblich. Auf seinem Höhepunkt im späten 2. Jahrhundert hatte Volubilis etwa 20.000 Einwohner, eine sehr beträchtliche Bevölkerung für eine römische Provinzstadt, und die umliegende Region war ebenfalls gut besiedelt, wie aus über 50 Villen zu schließen ist, die in der Gegend entdeckt wurden. Es wurde vom Geographen Pomponius Mela aus dem 1. Jahrhundert n. Chr. Erwähnt, der es in seinem Werk De situ orbis libri III als eine der "reichsten Städte, wenn auch die reichste unter den kleinen" in Mauretanien beschrieb. Sie wird auch von Plinius dem Älteren erwähnt, und die Antonine-Route aus dem 2. Jahrhundert bezieht sich auf ihren Standort und nennt sie als Volubilis Colonia. Seine Bevölkerung wurde von romanisierten Berbern dominiert.

Trotz einer Revolte in den Jahren 40–44 n. Chr., angeführt von einem der Freigelassenen des Ptolemäus, Aedemon, blieb die Stadt Rom treu, und ihre Einwohner wurden mit der Verleihung der Staatsbürgerschaft und einer zehnjährigen Steuerbefreiung belohnt. Die Stadt wurde in den Status eines Municipiums erhoben und ihr Regierungssystem wurde überarbeitet, wobei die Suffeten im punischen Stil durch jährlich gewählte Duumvirs oder Richterpaare ersetzt wurden. Die Position der Stadt war jedoch immer schwach; Es befand sich am südöstlichen Rand der Provinz und war den feindlichen und immer mächtigeren Berberstämmen gegenüber. Ein Ring aus fünf Festungen in den modernen Weilern Aïn Schkor, Bled el Gaada, Sidi Moussa, Sidi Said und Bled Takourart (altes Tocolosida) wurde errichtet, um die Verteidigung der Stadt zu stärken. Sidi Said war die Basis für die Cohors IV Gallorum equitata, eine Hilfskavallerieeinheit aus Gallien, während Aïn Schkor hispanische und belgische Kohorten beherbergte. Sidi Moussa war der Standort einer Kohorte von Parthern, und gallische und syrische Kavallerie waren in Toscolosida stationiert. Zunehmende Spannungen in der Region gegen Ende des 2. Jahrhunderts veranlassten Kaiser Marcus Aurelius, den Bau eines 2,5 km langen Mauerrings mit acht Toren und 40 Türmen anzuordnen. Volubilis war über eine Straße mit Lixus und Tingis (der Hauptstadt der römischen Provinz Mauretania Tingitana, dem heutigen Tanger) verbunden, hatte aber keine Verbindung nach Osten mit der Nachbarprovinz Mauretania Caesariensis, da das Gebiet des Stammes der Berber Baquates dazwischen lag. Im dritten Jahrhundert existierte in Volubilis eine jüdische Gemeinde, wie aus mehreren hebräischen, griechischen und lateinischen Grabinschriften und Lampen in Menorah-Form hervorgeht. Es ist der südwestlichste Ort, an dem alte hebräische Inschriften gefunden wurden.

Roms Kontrolle über die Stadt endete nach dem Chaos der Krise des dritten Jahrhunderts, als das Imperium fast zerfiel, als eine Reihe von Generälen die Macht übernahmen und durch Bürgerkriege, Staatsstreiche und Attentate verloren. Um 280 brach die römische Herrschaft in weiten Teilen Mauretaniens zusammen und wurde nie wiederhergestellt. Im Jahr 285 organisierte der Kaiser Diokletian die Überreste der Provinz neu, um nur den Küstenstreifen zwischen Lixus, Tingis und

Septa (dem heutigen Ceuta) zu behalten. Obwohl in Tingis eine römische Armee stationiert war, wurde entschieden, dass es einfach zu teuer wäre, eine Rückeroberung einer gefährdeten Grenzregion durchzuführen. Die Besetzung der Stadt ging jedoch weiter, da feine Mosaike wie das eines Wagenrennens, das von Tieren im Haus der Venus durchgeführt wurde, nicht vor dem vierten Jahrhundert geschaffen werden konnten. Das Ende der römischen Stadt kam wohl gegen Ende des Jahrhunderts in Form eines Erdbebens, das zahlreiche Bronzestatuen in den Trümmern der Häuser begrub.

Volubilis war noch Jahrhunderte nach dem Ende der römischen Herrschaft bewohnt. Es wurde sicherlich im sechsten und siebten Jahrhundert vom Oströmischen Reich wieder besetzt, als drei christliche Inschriften mit dem Provinzjahr datiert sind. Als die Araber 708 ankamen, wurde der Name der Stadt in Oualila oder Walīlī geändert, und sie wurde von den Awraba bewohnt, einem aus Libyen stammenden Berberstamm. Ein Großteil des Stadtzentrums war aufgegeben und in einen Friedhof umgewandelt worden, während das Wohnzentrum in den Südwesten der Stadt verlegt worden war, wo eine neue Mauer gebaut wurde, um die verkürzte römische Stadt einzuschließen.

Volubilis blieb die Hauptstadt der Region bis weit in die islamische Zeit. Auf dem Gelände wurden islamische Münzen aus dem 8. Jahrhundert gefunden, die die Ankunft des Islam in diesem Teil Marokkos belegen. Sie konzentrieren sich außerhalb der Stadtmauern, was darauf hindeutet, dass sich die arabische Siedlung von der Berbersiedlung in ihnen unterscheidet. Hier gründete Moulay Idriss 787-88 die Idrisiden-Dynastie Marokkos. Als direkter Nachkomme des islamischen Propheten Muhammad floh er nach der Schlacht von Fakhkh im Jahr 787 aus Syrien nach Marokko. Unter Ishaq ibn Mohammad wurde er in Volubilis, das von den Awraba besetzt war, zum „Imam" ernannt. Er heiratete Kanza aus den Awraba und zeugte einen Sohn, Idris II, der in Volubilis zum Imam ernannt wurde. Auch er lebte außerhalb der Stadtmauern am Ufer des Wadi Khoumane, wo kürzlich ein Komplex ausgegraben wurde, der möglicherweise mit seinem Hauptquartier identifiziert werden kann. Idriss I. eroberte in den drei Jahren seiner Herrschaft den größten Teil Nordmarokkos und gründete die Stadt Fes. Er wurde 791 auf Befehl des Kalifen von Bagdad, Harun al-Rashid, in Volubilis ermordet. Als er volljährig war, zog Idriss II. nach Fes, das als seine neue Hauptstadt diente, und beraubte Volubilis seiner letzten Spuren politischer Bedeutung.

Panoramablick auf Volubilis, Blick nach Westen. Der alte phönizische Kern der Stadt befindet sich auf der linken Seite, die Basilika und der Kapitolinische Tempel sind in der Mitte sichtbar, während der Caracalla-Bogen rechts hinter der römischen Erweiterung der Stadt zu sehen ist.

Eine als Rabedis bekannte muslimische Gruppe, die sich in Córdoba in Al-Andalus (Andalusien im heutigen Spanien) auflehnte, siedelte 818 nach Volubilis um. Obwohl die Menschen noch mehrere Jahrhunderte in Volubilis lebten, war es wahrscheinlich im 14. Jahrhundert fast menschenleer Jahrhundert. Leo Africanus beschreibt seine Mauern und Tore sowie das Grab von Idris, das nur von zwei oder drei Burgen bewacht wird. Sein Leichnam wurde anschließend nach Moulay Idriss Zerhoun, 3 km (1,9 mi), gebracht, wo ein großes Mausoleum für ihn gebaut wurde. Der Name der Stadt geriet in Vergessenheit und wurde von den Einheimischen als Ksar Faraoun oder „Pharao's Castle" bezeichnet, in Anspielung auf eine Legende, dass die alten Ägypter sie gebaut hatten. Dennoch blieben einige seiner Gebäude stehen, wenn auch zerstört, bis Moulay Ismail im 17. Jahrhundert das Gelände plünderte, um Baumaterial für seine neue kaiserliche Hauptstadt Meknès bereitzustellen. Das Erdbeben von 1755 in Lissabon verursachte weitere schwere Zerstörungen. Der englische Antiquar John Windus hatte die Stätte jedoch 1722 skizziert. In seinem Buch A Journey to Mequinez aus dem Jahr 1725 beschrieb Windus die Szene.

# DADES-TAL

Ein Gebäude scheint Teil eines Triumphbogens zu sein, im Müll darunter liegen mehrere zerbrochene Steine mit Inschriften, die höher befestigt wurden als alle Teile, die jetzt stehen. Es ist 56 Fuß lang und 15 dick, beide Seiten genau gleich, aus sehr harten Steinen gebaut, etwa einen Meter lang und einen halben Meter dick. Der Bogen ist 20 Fuß breit und etwa 26 hoch. Die Inschriften befinden sich auf großen flachen Steinen, die im Ganzen etwa fünf Fuß lang und drei Fuß breit waren, und die Buchstaben darauf über 6 Zoll lang waren. Eine Büste lag etwas abseits, sehr verunstaltet, und war das einzige, was man fand, was das Leben darstellte, außer der Form eines Fußes, der unter dem unteren Teil eines Kleidungsstücks in der Nische auf der anderen Seite des Bogens zu sehen war. Ungefähr 100 Yards vom Bogen entfernt steht ein guter Teil der Vorderseite eines großen quadratischen Gebäudes, das 140 Fuß lang und ungefähr 60 Fuß hoch ist; Ein Teil der vier Ecken steht noch, aber es bleibt nur sehr wenig übrig, außer diesen von der Vorderseite. Rund um den Hügel kann man das Fundament einer Mauer von etwa zwei Meilen Umfang sehen, die diese Gebäude umschloss; auf deren Innenseite überall verstreut viele Steine von der gleichen Größe liegen, aus denen der Bogen gebaut ist, aber kaum ein Stein auf dem anderen übrig geblieben ist. Der Bogen, der etwa eine halbe Meile von den anderen Gebäuden entfernt stand, schien ein Tor gewesen zu sein, und war gerade hoch genug, um einen Mann zu Pferd durchzulassen.

Bei einem Besuch 95 Jahre später im Jahr 1820, nachdem das Erdbeben von Lissabon die wenigen noch erhaltenen Gebäude dem Erdboden gleichgemacht hatte, schrieb James Gray Jackson:

Eine halbe Stunde nach dem Verlassen des Heiligtums von Muley Dris Zerone und am Fuße des Atlas erblickte ich links von der Straße prächtige und massive Ruinen. Das Land ist meilenweit mit zerbrochenen Säulen aus weißem Marmor bedeckt. Es standen noch zwei Portiken von etwa 30 Fuß Höhe und 12 Fuß Breite, deren Spitze aus einem ganzen Stein bestand. Ich habe versucht, einen Blick auf diese riesigen Ruinen zu werfen, die Marmor für die kaiserlichen Paläste in Mequinas und Tafilelt geliefert haben; aber ich war gezwungen, davon abzusehen, als ich einige Personen des Heiligtums sah, die der Kavalkade folgten. Aus diesen Ruinen werden ständig Töpfe und Kessel mit Gold- und Silbermünzen ausgegraben. Das Land ist jedoch reich an Schlangen, und wir sahen viele Skorpione unter den Steinen, die mein Schaffner zum Vorschein brachte. Diese Ruinen sollen von den Afrikanern von einem der Pharaonen erbaut worden sein: Sie werden Kasser Farawan genannt.

Etwas nordöstlich der südlichen Stadt Quarzazate liegt das Dadès-Tal, das sich zwischen den Gipfeln des Hohen Atlas und der Bergkette Jbel Sarhro erstreckt. Bekannt als "Das Tal der tausend Kasbahs", ist es das bekannteste der Oasentäler, die Südmarokko dominieren. Der Fluss Dadès entspringt dem Schmelzwasser hoch oben in den Schneefeldern des Haute Atlas und durchschneidet bei Aït Oudinar und Aït Ali eine steile Schlucht, die als Dadès-Schlucht bekannt ist. Von hier fließt er über das weite Dadès-Tal in südwestlicher Richtung nach Quarzazate.

Traditionell lebten die Menschen dieser Region in einer großen Anzahl kleiner Kasbah-Siedlungen, die über die fruchtbare Flussebene verstreut waren. In den letzten Jahren haben sie jedoch das Tal verlassen und sich in größeren Dörfern am Rand des Tals versammelt, sodass nur noch wenige Kasbah besiedelt und in perfektem Zustand gehalten werden müssen.

## KASBAHS
Es gibt viele Kasbahs in dieser Region; einige lebendig und hübsch, andere beeindruckend in ihrer Verwüstung, was der exotischen Architektur und der faszinierenden

Gesellschaftsstruktur, die hier seit Tausenden von Jahren existiert, ein Rätsel hinzufügt.

## BERBERKULTUR

Als Berber-Kernland ist es ein Zentrum ihrer Kultur, daher sind neben Architektur, Essen und Kunsthandwerk auch Musik, Kleidung und Bräuche typisch berberisch – einschließlich farbenfroher Kleidung und Ornamente für Frauen und Mädchen sowie der schweren dunkelblauen Baumwolle Haiks (Umhänge) der Region.

# SEHR CHIGAGA

Erg Chigaga dieser Erg aus wunderschönen Dünen liegt im Drâa-Tafilalet-Gebiet etwa 45 km westlich der kleinen ländlichen Oasenstadt M'Hamid El Ghizlane, die ihrerseits etwa 98 km südlich der Stadt Zagora liegt. Einige Dünen erheben sich über 50 m über der umliegenden Landschaft und mit einer Fläche von etwa 35 km x 15 km ist es das größte und wildeste Erg Marokkos.

Die Nordgrenze wird durch Djebel Bani repräsentiert, die Ostgrenze wird durch M'Hamid Hammada repräsentiert. Im Südosten befindet sich der Erg Smar neben Erg Ezzahar. Im Westen befindet sich der Iriki-See, ein ausgetrockneter See, der seit 1994 zum Iriqui-Nationalpark gehört.

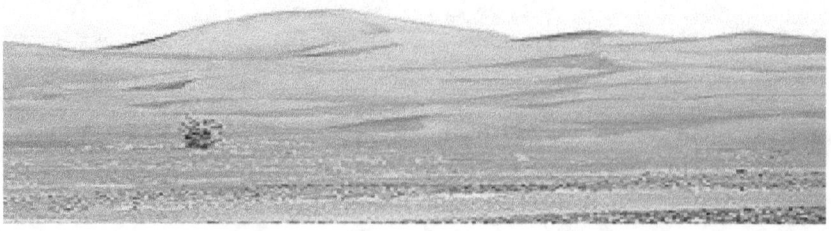

Da er relativ schwer zugänglich ist, bleibt Erg Chigaga deutlich weniger besucht als Erg Chebbi. Aus diesem Grund gilt Erg Chigaga als romantischer und gilt insgesamt als beliebter Ort bei Puristen und Künstlern wie Landschaftsmalern und Kunstfotografen.

Ausgehend von der Oase M'Hamid El Ghizlane ist es möglich, das Dünengebiet mit einem Geländewagen, einem Kamel und einem Geländemotorrad entlang eines alten Karawanenpfads zu erreichen, jedoch ist die Anfahrtsroute nicht offensichtlich und es sei denn, Sie haben ein GPS-Navigationssystem und relevante Wegpunkte sollten Sie einen lokalen Führer engagieren. Erg Chigaga-Karte

Im Jahr 2018 war die Wüste Erg Chigaga Schauplatz eines Extremsportrekords des italienischen Läufers Stefano Miglietti. Im November 2018 durchquerte Miglietti die Wüste zu Fuß und brauchte nur 4 Tage und 10 Stunden, um eine Strecke von rund 500 km zurückzulegen. Er hat 4 Erg von Dünen (Erg Smar, Erg Ezzahar, Erg Chegaga, Erg Lihoudi), 2 Hammada (Felsplateaus) überquert, auch entlang des ausgetrockneten Draa-Flusses gelaufen und auch den trockenen Iriki-See überquert. Die Leute des Stammes haben den Läufer in M'Hamids Kasbah erhalten.

# BAB MANSUR AL-'ALJ

Bab Mansur al-'Alj oder Bab Mansour (auch verschieden geschrieben als Bab Mansour al-'Ilj, Bab Mansour al-Eulj, Bab el-Mansour, Bab Mansur usw.) ist ein monumentales Tor in der Stadt Meknès in Marokko. An der Südseite des Place el-Hedim (el-Hedim-Platz) in der Altstadt gelegen, war es ursprünglich der zeremonielle Haupteingang zur Kasbah (königliche Zitadelle) des Sultans Moulay Isma'il, die Ende des 17. und Anfang des 18. Jahrhunderts erbaut wurde Jahrhunderte. Heute ist es eines der berühmtesten und am meisten bewunderten Wahrzeichen der Stadt.

Königliche Zeremonie, die 1920 vor Bab Mansour stattfand, mit der Loggia von Moulay Abd ar-Rahman aus dem 19. Jahrhundert im Hintergrund

Das Tor wurde in den späteren Regierungsjahren von Moulay Isma'il begonnen und 1732 von seinem Sohn Moulay Abdallah fertiggestellt. Der Zweck des Tors war eher zeremoniell als defensiv und zielte darauf ab, die Besucher zu beeindrucken. Sein Name stammt vom Architekten und Designer des Tors, Mansour al-'Alj (der "siegreiche Abtrünnige"), einem ehemaligen christlichen Sklaven, der zum Islam konvertierte. Ein weiteres reich verziertes Tor, Bab Jama' en-Nouar, steht ebenfalls ein kurzes Stück südwestlich entlang derselben Mauer. Es hat eine ähnliche Dekoration wie das größere Bab Mansour und stammt vermutlich ebenfalls aus der Zeit von Moulay Isma'il.

Im frühen 19. Jahrhundert fügte Sultan Moulay Abd ar-Rahman direkt vor dem Tor auf der rechten Seite (Südwestseite) eine loggiaartige Struktur hinzu, die heute nicht mehr vorhanden ist. Die Struktur diente als Treffpunkt für militärische und hohe Beamte, als Tribunal des Gouverneurs der Stadt und zur Abhaltung anderer militärischer oder religiöser Zeremonien. Heute ist das Tor normalerweise geschlossen, aber sein Inneres ist manchmal für Ausstellungen geöffnet.

Das Gesamtdesign des Tors basiert auf Prototypen der Almohaden (wie Bab Agnaou und das Tor der Kasbah der Udayas), mit einer großen Öffnung in Form eines Hufeisenbogens und flankierenden Bastionen, weist aber auch bedeutende neue Merkmale auf. Insbesondere die flankierenden quadratischen Bastionen oder Türme werden an den Ecken von vier dicken, gedrungenen Säulen mit Hufeisenbögen dazwischen getragen, wodurch eine hohle

Loggia am Fuß der Türme entsteht. Weiter außen an den Seiten flankieren die Bastionen massive Marmorsäulen, die darüber große vorspringende Pilaster stützen. Die Säulen mit reich verzierten Großbuchstaben in zusammengesetzter Ordnung sind altrömischen Ursprungs, wahrscheinlich von der nahe gelegenen Stätte Volubilis. Fast die gesamte Fassade des Tores, einschließlich der flankierenden Bastionen, ist mit schweren Verzierungen bedeckt. Dieses besteht aus einem sich wiederholenden Darj-wa-ktaf-Motiv (stilisiertes rautenförmiges Muster in der marokkanischen Architektur), das den Hauptbogen des Tores umrahmt und die Räume über den Säulen der flankierenden Bastionen ausfüllt. Die leeren oder negativen Räume innerhalb dieses Motivs sind vollständig mit farbenfrohen polychromen Zellij (Mosaikfliesen) gefüllt, ein weiteres Merkmal, das für marokkanische monumentale Tore neu war. Die Zwickel der Bögen sind mit arabeskenbemalten Kacheln gefüllt. Ganz oben auf dem Tor, über der anderen Dekoration und entlang seiner gesamten Länge, befindet sich eine aufwändige arabische Inschrift, die auf Fliesen gemalt ist und die Konstruktion des Tors beschreibt, das wiederum von kleinen „Sägezahn"-Zinnen gekrönt wurde. Im Inneren ist der Durchgang des Tors gebogen, dreht sich zweimal um 90 Grad und überbrückt den Abstand zwischen den Doppelwänden der Kasbah und gewährt Zugang zum Place Lalla Aouda dahinter.

# RIF-BERGE

Das Rif oder Riff, auch Rif-Gebirge genannt, ist eine geografische Region im Norden Marokkos. Dieses bergige und fruchtbare Gebiet grenzt im Westen an Kap Spartel und Tanger, im Osten an Berkane und den Fluss Moulouya, im Norden an das Mittelmeer und im Süden an den Fluss Ouergha. Das Rif-Gebirge ist in das östliche Rif-Gebirge (Nador, Driouch und Al Hoceima) und das westliche Rif-Gebirge (Tanger, Tetouan, Chefchaouen, Taounate) unterteilt.

Geologisch gehört das Rif-Gebirge zur geologischen Region Gibraltar Arc oder Alborán Sea. Sie sind eine Erweiterung des baetischen Systems, das die Berge der südlichen iberischen Halbinsel jenseits der Meerenge umfasst. Daher ist das Rif-Gebirge nicht Teil des Atlas-Gebirgssystems.

Zu den größeren Städten im Großraum Rif gehören Nador, Tanger, Tetouan, Al Hoceima (auch Villa genannt), Imzouren, Driouch, Ben Taieb, Midar und Al Aaroui und einige (kleine) Städte: Segangan, Selwan, Ajdir und Targuist (Targist ).

Das Rif ist seit prähistorischen Zeiten von Berbern bewohnt. Bereits im 11. Jahrhundert v. Chr. begannen die Phönizier mit der Zustimmung oder Partnerschaft mit den lokalen Berbern, Handelsposten zu errichten; hatte begonnen, sich zu kreuzen und eine punische Sprache am Mittelmeer und an der

Atlantikküste zu schaffen; und hatte Städte wie Tetouan, Rusadir (heute Melilla) und (im 5. Jahrhundert v. Chr.) Tingi (heute Tanger) gegründet.

Nach dem Dritten Punischen Krieg geriet die Küste Nordafrikas unter die Kontrolle Roms und das Rif wurde Teil des Königreichs Mauretanien. Als Mauretanien während der Herrschaft von Kaiser Claudius geteilt wurde, wurde Tanger die Hauptstadt von Mauretanien Tingitana. Im 5. Jahrhundert n. Chr. endete die römische Herrschaft und die Region wurde später zurückerobert und teilweise vom Byzantinischen Reich kontrolliert.

Im Jahr 710 gründete Salih I ibn Mansur das Emirat Nekor im Rif, und die Berber begannen, zum Islam zu konvertieren. Bis zum 15. Jahrhundert wurden viele Mauren aus Spanien verbannt, und die meisten von ihnen ließen sich im westlichen Rif nieder und brachten ihre Kultur wie die andalusische Musik mit und gründeten sogar die Stadt Chefchaouen. Seitdem hat das Rif zahlreiche Schlachten mit Spanien und Portugal erlitten. 1415 fiel Portugal in Ceuta ein und 1490 eroberte Spanien Melilla.

Der Hispano-Marokkanische Krieg brach 1859 in Tetouan aus und Marokko wurde besiegt. Die spanisch-marokkanischen Konflikte setzten sich im 20. Jahrhundert unter der Führung von Abd el-Krim fort, dem Anführer der Berber-Guerilla, der 1921 die Republik Rif ausrief. Die Riffian-Berber errangen im Rif-Krieg in den 1920er Jahren mehrere Siege über die Spanier bevor sie schließlich besiegt wurden. Die spanische Region wurde im April 1956 von Spanien entkolonialisiert und an Marokko zurückgegeben, einen Monat nachdem die französische Region ihre Unabhängigkeit von Frankreich erlangt hatte. Kurz darauf brach 1958 im Norden eine Revolte gegen den marokkanischen König durch riffianische Aufständische aus, die jedoch leicht unterdrückt wurde.

Bauern im Rif produzieren den größten Teil des marokkanischen Cannabisangebots. Die Region ist wirtschaftlich unterentwickelt.

Marokkanische Mittelmeerküste - Luftbild westlich von Bades über El Jebha nach Tétouan mit Rif-Gebirge, Tanger-Tetouan-Al Hoceima (2014).

Laut C. Michael Hogan gibt es zwischen fünf und acht separate Subpopulationen des vom Aussterben bedrohten Berberaffen, Macaca sylvanus. Das Rif-Gebirge ist auch die Heimat der Honigbienen-Unterart Apis mellifera major.

Die Rif-Region erhält mehr Niederschlag als jede andere Region in Marokko, wobei einige Teile jährlich mehr als 2.000 mm

(78,74 Zoll) Niederschlag erhalten. Die westlichen und zentralen Teile sind regnerischer und mit Wäldern aus Atlaszeder, Korkeiche und Steineiche sowie den einzigen verbliebenen Wäldern der marokkanischen Tanne, einer Unterart der spanischen Tanne, bedeckt. Die östlichen Hänge erhalten weniger Niederschlag und dort bestehen die Wälder hauptsächlich aus Kiefern, insbesondere der Aleppo-Kiefer und der Seekiefer sowie Tetraclinis.

Seit den 1950er Jahren findet aufgrund von Überweidung, Waldbränden und Waldrodungen für die Landwirtschaft, insbesondere für die Anlage von Cannabisplantagen, eine massive Entwaldung statt. Diese Entwaldung hat zu einer Bodendegradation geführt, da der Mutterboden weggespült wurde, was den Prozess verschlimmert hat.

# Moschee Hassan II

Die Hassan-II.-Moschee ist eine Moschee in Casablanca, Marokko. Sie ist die größte funktionierende Moschee Afrikas und die siebtgrößte der Welt. Sein Minarett ist mit 210 Metern das zweithöchste Minarett der Welt. Es wurde 1993 fertiggestellt, von Michel Pinseau unter der Leitung von König Hassan II entworfen und von marokkanischen Handwerkern aus dem ganzen Königreich gebaut. Das Minarett ist 60 Stockwerke hoch und wird von einem Laser gekrönt, dessen Licht auf Mekka gerichtet ist. Die Moschee steht auf einem Vorgebirge mit Blick auf den Atlantischen Ozean; Anbeter können über dem Meer beten, aber es gibt keinen Glasboden mit Blick auf das Meer. Die Wände sind aus handgefertigtem Marmor und das Dach ist einziehbar. Maximal 105.000 Gläubige können sich zum Gebet versammeln: 25.000 in der Moscheehalle und weitere 80.000 auf den Moscheen außerhalb des Geländes.

Die Moschee befindet sich am Bd Sidi Mohammed Ben Abdallah in Casablanca. Der 9 Hektar große Komplex schmiegt sich zwischen den Hafen und den Leuchtturm El Hank. Vom nächsten Bahnhof Casa-Port sind es etwa 20 Gehminuten bis zur Moschee. Der zehnspurige Boulevard mit Einkaufsstraßen befindet sich an der Südfassade der Moschee und erstreckt sich bis zu den Toren des Palastes Oued el Makhazine mitten in der Stadt. Der basilikale Plan der Moschee rechtfertigt diese Anordnung des Boulevards.

Die Moschee erhebt sich über dem Atlantischen Ozean. Das Gebäude ist teilweise an Land und teilweise über dem Meer gebaut. Dieser Standort wurde erreicht, indem eine Plattform geschaffen wurde, die einen natürlichen Felsvorsprung verbindet, der aus dem Meer zurückgewonnen wurde, wo sich zuvor der Orthlieb-Pool befunden hatte. Außerdem wurden zwei große Wellenbrecher gebaut, um die Moschee vor der erosiven Wirkung der Meereswellen zu schützen, die bis zu 10 Meter hoch sein können. Um die Fundamente der Pfeiler während der Bauzeit vor dem Meer zu schützen, musste ein 800 Meter langer provisorischer Pfeiler errichtet werden. Sein Umweltvorteil besteht darin, dass es frei von Lärm und Verschmutzung ist und eine frische Brise vom Meer erhält.

Abgesehen von der Moschee sind weitere Gebäude in der Gegend eine Madrasa (islamische Schule), Hammams (Badehäuser), ein Museum zur marokkanischen Geschichte, Konferenzsäle und eine sehr große Bibliothek, die angeblich die „umfassendste in der islamischen Welt" ist. Die 41 Brunnen im Innenhof sind alle schön dekoriert. Der Garten rund um die Moschee ist gepflegt und ein beliebter Ort für

Familienpicknicks. Die traditionell gestaltete Madrasa nimmt eine Fläche von 4.840 Quadratmetern (52.100 Quadratfuß) ein, einschließlich des Untergeschosses. Es ist zwei Stockwerke hoch und hat eine halbkreisförmige Form mit angrenzender Qibla-Wand und dem Mihrab-Abschnitt.

Der historische Kontext der Moschee begann mit dem Tod von König Mohammed V. im Jahr 1961. König Hassan II. hatte die besten Handwerker des Landes gebeten, sich zu melden und Pläne für ein Mausoleum zu Ehren des verstorbenen Königs vorzulegen. es sollte "die Leidenschaft und Verehrung widerspiegeln, mit der dieser berühmte Mann angesehen wurde". 1980, während seiner Geburtstagsfeier, hatte Hassan II. seine Ambitionen, ein einziges Wahrzeichen in Casablanca zu schaffen, sehr deutlich gemacht, indem er sagte.

Ich möchte, dass Casablanca mit einem großen, schönen Gebäude ausgestattet wird, auf das es bis zum Ende der Zeit stolz sein kann ... Ich möchte diese Moschee auf dem Wasser bauen, weil Gottes Thron auf dem Wasser steht. Daher können die Gläubigen, die dorthin gehen, um zu beten, um den Schöpfer auf festem Boden zu preisen, Gottes Himmel und Meer betrachten.

Das Gebäude wurde von König Hassan II in Auftrag gegeben, um das ehrgeizigste Bauwerk zu sein, das jemals in Marokko gebaut wurde. Es wurde von dem französischen Architekten Michel Pinseau entworfen, der in Marokko gelebt hatte, und von der Bauingenieurgruppe Bouygues gebaut.

Die Arbeiten begannen am 12. Juli 1986 und wurden über einen Zeitraum von sieben Jahren durchgeführt. Der Bau sollte 1989 fertig sein, bereit für den 60. Geburtstag von Hassan II. Während der intensivsten Bauzeit arbeiteten 1400 Mann tagsüber und weitere 1100 nachts. 10.000 Künstler und Handwerker beteiligten sich am Bau und der Verschönerung der Moschee. Das Gebäude wurde jedoch nicht termingerecht fertiggestellt, was die Einweihung verzögerte. Die formelle Einweihung wurde anschließend zum 11. Rabi' al-Awwal des Jahres 1414 der Hijra gewählt, was dem 30. August 1993 entspricht, der auch den Vorabend des Geburtstags des Propheten Muhammad markierte. Es war dem Souverän von Marokko gewidmet.

Die Baukosten, die auf etwa 585 Millionen Euro geschätzt werden, waren in Marokko, einem Land mit niedrigem mittlerem Einkommen, ein Diskussionsthema. Während Hassan eine Moschee bauen wollte, die nur die zweitgrößte nach der Moschee in Mekka wäre, fehlten der Regierung die Mittel für ein so großes Projekt. Ein Großteil der Finanzierung erfolgte durch öffentliche Zeichnung. Zwölf Millionen Menschen haben für die gute Sache gespendet, wobei jedem Spender eine Quittung und eine Urkunde ausgehändigt wurden. Der kleinste Beitrag war 5 DH. Neben öffentlichen Spenden und Spenden von Unternehmen und arabischen Ländern (wie Kuwait und Saudi-Arabien) stellten westliche Länder Baukredite zur Verfügung, die Marokko zurückzahlte.

Nach den Worten der Autoren des Buches „Marocco Country Study Guide" markiert die Hassan-II.-Moschee „unbestreitbar die Kontinuität einer modernisierten Ahnenkunst und trägt das Zeichen von Innovationen, die nicht nur auf technische Gründe zurückzuführen sind, sondern auch auf eine fruchtbare Erforschung von Neuem ästhetische Möglichkeiten." Die Gebäudeabmessungen betragen 200 Meter (660 Fuß) in der Länge und 100 Meter (330 Fuß) in der Breite. Alle für den Bau verwendeten Granit, Gips, Marmor, Holz und andere Materialien wurden aus ganz Marokko gewonnen, mit Ausnahme einiger italienischer weißer Granitsäulen und 56 Glaslüster. Sechstausend traditionelle marokkanische Handwerker arbeiteten fünf Jahre lang, um die üppigen und wunderschönen Mosaike, Stein- und Marmorböden und -säulen, geformten Gipsleisten und geschnitzten und bemalten Holzdecken zu schaffen. Die Außenflächen der Moschee weisen Oberflächen aus Titan, Bronze und Granit auf. Es ist mit blassblauem Marmor und Zellige-Fliesen verziert. Ein besonderes Merkmal der Moschee ist, dass alle Strukturen aus Stahlzementbeton bestehen und alle Dekorationen im traditionellen marokkanischen Design gehalten sind. Die Bauarbeiten erforderten die Beschäftigung von 35.000 Arbeitern und die Arbeit von über 50 Millionen Arbeitsstunden. Die Moschee bietet Platz für 25.000 Gläubige zum Gebet in der Haupthalle und weitere 80.000 auf den umliegenden Plätzen.

Bemerkenswerte architektonische Merkmale sind die auffälligen Säulen, die Hufeisenbögen und die unzähligen

Muqarnas, die die Decken verschönern. Die Kuppel, Bögen und Wände verleihen der Moschee ein großartiges Ambiente. Das erstklassige Soundsystem ist dezent versteckt. Der Waschraum und ein riesiges öffentliches Hamam befinden sich im Untergeschoss mit eigenem Eingang. In den Hammam-Bädern wurde Tadelakt verwendet, eine Putztechnik, bei der Eigelb und schwarze Seife in Mischputz gegeben werden.

Das Gebäude verbindet islamische Architektur mit marokkanischen Elementen und spiegelt maurische Einflüsse wider, während es ein urbanes Design aufweist. Es zeigt Elemente, die in anderen marokkanischen Gebäuden wie der unvollendeten Moschee in Rabat und der Koutoubia-Moschee in Marrakesch gefunden wurden. Es gibt Merkmale einer alten römischen Festung, die in das Grab von König Mohammed V. von Rabat umgewandelt wurde. Andere Elemente stammen von der Tour-Hassan-Moschee, dem Felsendom (auch bekannt als Qubbat al Sakhra 688–692 n. Chr.), der Großen Moschee von Medina (705–710 n. Chr.), der Kairouan-Moschee in Tunesien (663 n. Chr.), der Großen Moschee von Damaskus (705–715 n. Chr.), die Große Moschee von Córdoba (785–786 n. Chr.), die Quarawiyyin-Moschee (956 und 1135 n. Chr.) in Marokko, die Große Moschee von Tlemcen (1136) und Djamaa el Kebir (1096). Sein Grundriss ist als basilikanischer Plan bekannt, der sich von der üblichen Praxis eines T-förmigen Plans unterscheidet, der in vielen nordafrikanischen Ländern angenommen wird. Die Qibla-Wand steht senkrecht zu den Kirchenschiffen, was ein unkonventioneller Grundriss sein soll, da es üblich ist, dass die Reihen der Gläubigen mit Blick auf Mekka so breit wie möglich sind, anstatt sich weiter nach hinten zu erstrecken (Halod und Khan 1997, 61). Die Annahme dieses Plans wurde als „ein Konflikt zwischen König Hassan II, dem alten Aristokraten, und König Hassan II, dem zeitgenössischen Führer, beschrieben, der Handel und Industrie entwickeln muss, um die Bedürfnisse seines Landes zu befriedigen.

**Gebetshalle**

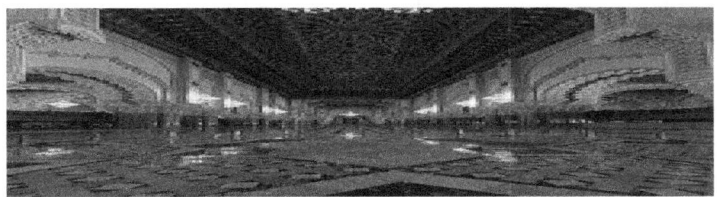

Die Gebetshalle befindet sich auf der Spitze der Moschee und ist mit Fenstern bedeckt. Die zentrale Halle wird zentral beheizt und bietet einen spektakulären Unterwasserblick auf den Atlantischen Ozean. Die Dekorationen in der Halle sind aufwendig und exquisit, was durch die Beteiligung von 6000 marokkanischen Handwerksmeistern ermöglicht wurde. Es ist so groß, dass es problemlos das Haus der Notre Dame von Paris oder des Petersdoms von Rom aufnehmen kann. Die Holzschnitzereien, die Zellij-Arbeiten und die Stuckleisten sind von kunstvollem und sehr beeindruckendem Design; Das zum Schnitzen verwendete Holz ist Zedernholz aus dem mittleren Atlasgebirge, der Marmor stammt aus Agadir und Granit wird aus Tafraoute gebracht.

Die Gebetshalle ist auf einem rechteckigen Grundriss von 200 Metern (660 ft) Länge und 100 Metern (330 ft) Breite mit drei Schiffen gebaut, die senkrecht zur Qibla-Mauer stehen. Das Mittelschiff der Halle ist 40 Meter (130 Fuß) und größer als die Seitenschiffe, die 27 Meter (89 Fuß) hoch sind. Die zentrale Halle ist gewellt mit einer Reihe zahlreicher Kuppeln, an denen aus Murano importierte Glaskronleuchter aufgehängt sind. Auf beiden Seiten der Halle befinden sich Zwischengeschosse mit geschnitzten dunklen Holzmöbeln, die Frauen vorbehalten sind. Die Türen werden elektrisch betrieben. An der Wand der Fassade befindet sich eine „triptyichische Marmortrennwand mit durchbrochener Arbeit und einem zentralen Fenster, das von zwei kleineren Fenstern flankiert wird". Solche Paneele, die aus mehrfarbigen Bögen bestehen, in die florale Ornamente eingraviert sind, wirken von außen betrachtet wie ein geometrisches Gerüst. Die Tore sind mit Marmorstäben verziert, die faux Voussoirs (abwechselnd glatt oder gemeißelt) haben. Die Säulen mit einer Höhe von 13 Metern (43 Fuß) haben eine quadratische Form mit ineinandergreifenden Säulen und eine Kreuzform, die eine Reihe von Säulen verbindet. Geometrisch geformte polychromatische Zellji mit geschnitztem Gips sind mit floralen und geometrischen Mustern mit Inschriften versehen. Geschnitzter oder bemalter Marmor oder geformtes Holz werden für diese eleganten Designs verwendet, die islamische Kunstformen hervorheben.

Das Dach ist einziehbar, beleuchtet die Halle tagsüber mit Sonnenlicht und ermöglicht es den Gläubigen, in klaren

Nächten unter den Sternen zu beten. Es wiegt 1100 Tonnen und lässt sich in fünf Minuten öffnen; Es misst 60 Meter (200 Fuß) Höhe und hat eine Fläche von 3.400 Quadratmetern (37.000 Quadratfuß). Das Dach ist mit gegossenen Aluminiumziegeln bedeckt (ähnlich den Fez-Ziegeln), stärker und zuverlässiger als herkömmliche Keramikziegel und etwa 35 % leichter. Die Gebetshalle wird auch durch das Licht der Glastore an der Nordwand beleuchtet.

**MINARETT**

Moschee Hassan II. Minarett

Mit 210 Metern Höhe ist das Minarett das zweithöchste Minarett der Welt. Oben ist ein Laserstrahl angebracht, der abends elektronisch betrieben wird. Es ist über das Meer nach Mekka ausgerichtet und hat eine Reichweite von 30 Kilometern. Das Minarett soll die visuelle Ausrichtung des Boulevards verbessern. Es hat eine quadratische Form, die in den Himmel ragt. Das Breitenverhältnis von Basis zu Spitze von

1 zu 8 (zwischen Keller und Gipfel) hat außen eine Marmorverkleidung mit strenger Dekoration. Die Gesichter der Fassade haben Ornamente mit verschiedenen Materialien geschnitzt. Auf einer 100.000-MP-Oberfläche befinden sich Stiche von Roudani-Tracetin. Dieses dekorative Material (mit Chrom und Grün als dominierenden Farben) ist ein Ersatz für die Verwendung von Ziegeln, dem Material, das in vielen anderen bemerkenswerten Minaretten verwendet wird, und hat der Moschee eine außergewöhnliche Eleganz verliehen. Grüne Kacheln schmücken das Minarett auf einem Drittel der Höhe von oben und ändern dann die Farbe zu tiefgrün oder türkisblau; Es wird gesagt, dass der Designer im Minarett von Hassan II sein Meerschaumgrün und Gottesblau verwendet hatte, um das Leben eines Königs zu feiern. Der für das Minarett verwendete Beton war ein spezieller hochwertiger Typ, der unter schwierigen Bedingungen einer kombinierten Einwirkung von starkem Wind und Seismizität gut funktionieren konnte. Dies wurde von der Wissenschaftsabteilung der Bouygues-Gruppe, den Auftragnehmern des Projekts, erreicht, die einen extrafesten Beton entwickelt haben, der viermal stärker als gewöhnlicher Beton ist. Als B.H.P (hochbeständiger Beton) bezeichnet, bietet es einen Druckwiderstandswert von 1200 bar pro cm² (angeblich Weltrekord) und hat eine sehr schnelle Abbindezeit. Dies ermöglichte den Bau eines höheren Gebäudes mit ordnungsgemäßer Unterfangung des Fundaments unter Einhaltung des Bauzeitplans. Kräne wurden auch für die Betonierung an die Höhe des Minaretts angepasst.

Das Museum öffnete nach dem Bau der Moschee seine Pforten für die Öffentlichkeit. Es zeigt Kunstwerke aus verschiedenen traditionellen marokkanischen Künsten sowie ungenutzte architektonische Elemente der Moschee, wie geschnitzten Stuck, bemalte Holzdecken und Zellij-Wände.

Zehn Jahre nach der Fertigstellung der Moschee wurde eine strukturelle Verschlechterung der Betonmauer beobachtet. Dies wurde damit erklärt, dass sie dem Salzwasser des Atlantischen Ozeans ausgesetzt waren, in das fast die Hälfte der Fundamente der Moschee hineinragt. Salzwasser, das in den Porenbeton eindrang, verursachte das Rosten der Bewehrungsstahlarmierungen, was zu einer Ausdehnung des Stahls und zu Rissen im Beton führte. Salzwasser war über die Stahlstange hinaus auch in die Bauwerke eingedrungen.

Effektive Restaurierungsarbeiten wurden im April 2005 eingeleitet. Dazu gehörte die Verwendung von Edelstahl in Molybdänqualität in Kombination mit hochwertigem Beton, um die Struktur widerstandsfähig gegen Chloridangriffe zu machen, ein Prozess, der sich in 3 Jahren Forschung entwickelt hat. Dadurch soll die Lebensdauer des Gebäudes um 100 Jahre verlängert werden. Die Arbeiten wurden in vier Phasen durchgeführt. In der ersten Phase wurde ein lecksicherer Kofferdamm gebaut, um den Arbeitsbereich zu isolieren und zu trocknen. Diese wurde 5 Meter (16 ft) unter dem höchsten Wasserspiegel gebaut. In der zweiten Phase wurden die sichtbaren Hohlräume in der Gebetshalle mit Beton gefüllt. In der dritten Phase wurden die tragenden Platten und Pfeiler auf dem dem Meer ausgesetzten äußeren Teil der Moschee abgerissen; 6.000 Kubikmeter (210.000 cu ft) Beton wurden entfernt. In der vierten Phase wurden neue Außenschutzarbeiten unter Verwendung von hochfestem Beton mit 2205 (gemäß UNS S 32205 EN 1.442) Edelstahlstäben als Verstärkungen für einen wirksamen Erosionsschutz errichtet. Obwohl die vielen baulichen Veränderungen nach Ausführungsplanung vorgenommen wurden, waren noch während der Bauausführung 100 Außenpfeiler, wegen ihrer wellenbrechenden Eigenschaften „Kämme" genannt, Salzwasser und Wellengang ausgesetzt und mussten durch neue Pfeiler ersetzt werden . Diese wurden aus hochfestem Beton mit 2205-Edelstahlverstärkungen hergestellt. Dies erforderte den Bau eines zusätzlichen lecksicheren Damms hinter dem früheren; Die gesamte betroffene Deichmenge betrug 20.000 Kubikmeter (710.000 cu ft). Bei all diesen Arbeiten wurden 1300 Tonnen Spezialstahl (mit 40 Tonnen Mo) von 8–20 Millimetern (0,31–0,79 Zoll) Stäben mit einer Streckgrenze von 850 N pro mm2 verwendet. Die gegossene Betonmenge umfasste 100.000 Kubikmeter (3.500.000 Kubikfuß) unbewehrten Massenbeton und 10.000 Kubikmeter (350.000 Kubikfuß) hochfesten Beton. Die gesamten Arbeiten wurden mit Kosten von 50 Millionen Euro durchgeführt.

# RABAT'S OUDAIAS KASBAH

Im 10. Jahrhundert gründeten die Umayyaden von Córdoba oder ihre Verbündeten der Zenata-Berber in der Region ein Ribat oder befestigtes Kloster/einen Außenposten in diesem Gebiet, um sich gegen die Barghawata-Berber zu verteidigen, die im Süden einen kharijitischen Staat errichtet hatten. Dieser Ribat befand sich höchstwahrscheinlich an derselben Stelle wie die aktuelle Kasbah der Udayas, aber seine Lage wurde von Historikern nicht bestätigt. Einer der letzten Almoraviden-Emire, Tashfin ibn Ali (regierte 1143-45), baute während seiner Bemühungen, die Almoraviden abzuwehren, einen neuen Ribat an der Stelle der heutigen Kasbah, aber die Almohaden besiegten die Almoraviden und zerstörten den Ribat. 1150 oder 1151 baute der Almohaden-Kalif Abd al-Mu'min eine neue Kasbah (Zitadelle) über der Stelle des ehemaligen Ribat, in die er einen Palast und eine Moschee einschloss. Er ließ auch einen unterirdischen Kanal graben, um eine Wasserquelle in das Gebiet umzuleiten und eine zukünftige Besiedlung und Urbanisierung zu ermöglichen. Der spätere Kalif Abu Yusuf Ya'qub al-Mansur (regierte 1184–1199) startete ein riesiges Projekt zur Errichtung einer neuen befestigten kaiserlichen Hauptstadt namens al-Mahdiyya oder Ribat al-Fath an der Stelle der heutigen Medina ( Altstadt) von Rabat, mit neuen Mauern, die sich über ein weites Gebiet jenseits der alten

Kasbah erstrecken. Dieses Projekt umfasste auch den Bau einer riesigen Moschee (zu deren Überresten der Hassan-Turm gehört) und neuer großer Tore, darunter Bab er-Rouah, ein großes Tor in der Westmauer der Stadt, und das, was heute Bab Udaya oder Bab al heißt -Kbir, das Tor der Kasbah. Nach dem Tod von Abu Yusuf Ya'qub im Jahr 1199 blieben die Moschee und die Hauptstadt unvollendet und seinen Nachfolgern fehlten die Mittel oder der Wille, sie fertigzustellen. Die Kasbah selbst wurde im Wesentlichen verlassen. In der Zwischenzeit gewann die Stadt Salé auf der anderen Seite des Flusses an Bedeutung und wurde während der Mariniden-Ära entwickelt.

1609 verfügte Philipp III. die Vertreibung aller Moriscos (Menschen muslimischer oder maurischer Abstammung) aus Spanien. Ungefähr 2000 dieser Flüchtlinge, ursprünglich aus der Stadt Hornachos in der Nähe von Badajoz, Spanien, siedelten sich um Salé herum an und besetzten die Kasbah, wobei sie zwischen 5000 und 14 000 weitere Moriscos anlockten, sich ihnen anzuschließen. Sie gründeten ihre eigene autonome Republik, die als „Republik Salé" (oder Republik Bou Regreg) bezeichnet wird und als Basis für Korsaren diente: Piraten, auch bekannt als „Salé-Rover", die Jagd auf Handelsschiffe an den Küsten von Western machten Europa und verkauften die Besatzungen im Allgemeinen in die Sklaverei.

Während dieser Zeit (frühes 17. Jahrhundert) bauten sie am nordöstlichen Rand der Kasbah eine breite Plattform mit Blick auf den Fluss, die für Formsignale genutzt wurde. Später wurde im 18. Jahrhundert ein Lagerhaus angebaut, das heute als Schule und Teppichwerkstatt genutzt wird. Unterhalb der Plattform im Norden befand sich eine Sqala, eine Küstenbefestigung und Artillerieplattform, während nur 25 Meter flussaufwärts davon im Osten der "Turm der Korsaren" stand, der ebenfalls im 18. Jahrhundert hinzugefügt wurde. Dies war ein runder Turm mit Öffnungen für 4 Kanonen, die auf den Fluss gerichtet waren. Der Turm erhob sich nur 3 Meter über dem Wasser und war hinter der Sqala verborgen, sodass seine Kanonen verfolgende feindliche Schiffe überraschen konnten. Die Republik Salé blieb bis 1666 außerhalb der Kontrolle der Zentralregierung, als der alaouitische Sultan Moulay Rashid das Gebiet übernahm und die Korsaren unter seine Herrschaft stellte.

Der südwestliche Abschnitt der heutigen Kasbah wurde während der Alaouite-Periode, insbesondere im 18. Jahrhundert, hinzugefügt. Es umfasst einen Palast oder königlichen Pavillon, der Ende des 17. Jahrhunderts von Sultan Moulay Ismail (reg. 1672–1727) erbaut wurde und heute als Museum dient. Moulay Ismail war auch dafür verantwortlich, einen Teil der Udayas (oder Oudayas), eines Guich-Stammes („Armee"-Stamm, der im Militär des Sultans dient), in der Kasbah anzusiedeln, um als Gegengewicht gegen andere widerspenstige Stämme in der Region zu dienen. Der Name „Udaya" wurde jedoch erst im 19. Jahrhundert mit der Kasbah in Verbindung gebracht, nachdem der Stamm durch den alaouitischen Sultan Abd ar-Rahman für immer aus der

Region Fez vertrieben worden war und sich die verbliebenen Mitglieder in der Kasbah niedergelassen hatten.

Zusammen mit der Kasbah wurde Rabat am 20. Juli 2006 in der Kategorie „Kultur" in die vorläufige UNESCO-Welterbeliste aufgenommen. Es wurde 2012 zum Weltkulturerbe erklärt.

Der obere oder nördliche Teil der Kasbah über dem Museum stammt größtenteils aus ihrer Gründung/Rekonstruktion in der Zeit der Almohaden unter dem Kalifen Ya'qub al-Mansur im 12. Jahrhundert, während die unteren Teile aus dem 18. Jahrhundert während der Alaouitenzeit stammen . Der nördliche Teil der Kasbah ist um die Straße der Moschee (Rue Jamaa) zentriert, die zwischen dem Bab Oudaia-Tor und der Semaphor-Plattform verläuft und an der Alten Moschee der Kasbah vorbeiführt. Der südliche Teil wird größtenteils von den andalusischen Gärten, dem Oudayas-Museum und einem nahe gelegenen Café und einer Terrasse, bekannt als Café Maure, eingenommen.

Die Fassade von Bab Oudaya oder Bab Lakbir, dem monumentalen Almohaden-Tor der Kasbah

Das monumentale Tor der Kasbah, das sich bergauf befindet und Rabat überblickt, gilt als eines der schönsten Tore der almohadischen und marokkanischen Architektur. Es trägt den Namen „Bab Oudaia" („Udaya-Tor") oder „Bab al-Kbir" („Großes Tor"). Es wurde zwischen 1195 und 1199 vom Almohaden-Kalif Ya'qub al-Mansur erbaut und in die früheren Mauern der von Abd al-Mu'min um 1150 erbauten Kasbah eingefügt. Es hat sowohl eine Außenfassade (mit Blick nach Südosten zur Stadt) und eine Innenfassade (nach Nordosten auf die Straße der Moschee gerichtet), beide reich verziert. Das massive Tor war größtenteils zeremoniell und hatte wenig Verteidigungswert, da es sich bereits innerhalb der Stadtmauern befand. Im Gegensatz zu Bab er-Rouah, dem verzierten Westtor in Rabats Stadtmauern, das ungefähr zur gleichen Zeit erbaut wurde, wurde es nicht von echten Verteidigungstürmen flankiert.

Die geschnitzte Dekoration um den hufeisenförmigen Eingang herum weist ein gebogenes Band aus ineinander verschlungenen geometrischen Formen auf (insbesondere ein Muster, das als Darj wa ktaf bekannt ist und häufig in der marokkanischen Architektur zu sehen ist), das sich in einem rechteckigen Rahmen befindet, der von einem koranischen Inschriftenfries in Kufisch-Arabisch umrissen wird Skript. In den Ecken zwischen diesem gebogenen Band und der Inschrift sind Arabesken- oder Blumenmuster mit einer Palmette oder Jakobsmuschel in der Mitte geschnitzt, und darüber befindet sich ein weiterer geschnitzter Palmettenfries. An beiden Ecken des Hufeisenbogens (am unteren Rand des gebogenen Bandes aus geometrischen Schnitzereien) befinden sich schlangenförmige "S"-ähnliche Formen, die wahrscheinlich Aale darstellen, die ein sehr seltenes Motiv in der almohadischen oder marokkanischen Architektur sind. Die äußere Fassade des inneren Tors, die der Kasbah zugewandt ist, hat eine geschnitzte Dekoration, die der des äußeren Tors sehr ähnlich ist, aber mit geringfügigen Unterschieden in der Wahl der geometrischen Formen. Im Inneren hat das Tor drei Kammern, die einen gebogenen Durchgang bilden.

DIE ALTE MOSCHEE (MOSCHEE DER KASBAH)

TÜR DER ALTEN MOSCHEE (NUR AN DER HAUPTSTRASSE)

**Minarett der alten Moschee**

Das älteste derzeitige Bauwerk am Standort der Kasbah ist die
Hauptmoschee, die Jama' al-'Atiqa ("Alte Moschee"). Es stammt
aus dem Bau von Abd al-Mu'min im Jahr 1150 und wurde im 18.
Jahrhundert während der Herrschaft von Sultan Mohammed
ben Abdallah von einem englischen Korsaren namens Ahmed
el-Inglizi weitgehend restauriert. Das Minarett stammt aus
dieser späteren Restaurierung.

Die Moschee misst etwa 26,5 x 25 Meter, aber ihre Umrisse sind aufgrund von Veränderungen im Laufe der Jahrhunderte teilweise unregelmäßig. Sein Äußeres besteht hauptsächlich aus Stein, während die Bögen im Inneren aus Backstein bestehen. Wie viele mittelalterliche westliche islamische Moscheen ist ihre Qibla (Gebetsrichtung) nicht mit der wahren Richtung von Mekka ausgerichtet, sondern nach Süden ausgerichtet, einer älteren Tradition folgend, die auf einem Hadith basiert. Die Moschee kann durch vier hufeisenförmige Türen betreten werden. Im Inneren befindet sich ein rechteckiger Innenhof (Sahn), der auf drei Seiten von Galerien und im Süden/Südosten von der Gebetshalle umgeben ist. Der Grundriss der Gebetshalle folgt dem typischen „T"-Plan mittelalterlicher marokkanischer Moscheen: Sie ist durch Bogenreihen in sieben senkrecht zur Qibla-Mauer verlaufende „Schiffe" geteilt, von denen das mittlere breiter als die anderen ist und ist ausgerichtet auf den Mihrab (Nische, die die Richtung des Gebets symbolisiert). Die Wände und Bögen des Inneren der Moschee sind weiß gestrichen, wobei die unteren Wände mit marokkanischen Fliesen verziert sind, während die oberen Wände und die Zwickel der Bögen mit geschnitztem Stuck verziert sind. Der Mihrab ist das am reichsten verzierte Merkmal, das wiederum kunstvolle Muster in geschnitztem Stuck aufweist. Diese Dekoration ist jedoch neueren Datums.

Ein ungewöhnliches Merkmal des Grundrisses der Moschee ist die Tatsache, dass das Minarett getrennt vom Rest der Moschee und hinter der qibla (südöstlichen) Mauer stand und erst 1940 mit der Moschee verbunden wurde. Das Minarett ist aus Stein und hat ein Quadrat Schacht mit einer Seitenlänge von etwa 4,55 Metern. Es ist bescheiden mit Blindbögen an seinen Fassaden verziert.

Oudayas Museum (Pavillon von Moulay Ismail)

Der südliche Teil der Kasbah umfasst einen ehemaligen Pavillon oder Residenzpalast, der Ende des 17. Jahrhunderts von Sultan Moulay Ismail (reg. 1672–1727) erbaut wurde. Das Gebäude ist um einen Haupthof zentriert und wird nach außen durch einen Turm hervorgehoben. Eine Zeit lang diente der Palast auch als Medresse. 1915, während des französischen Protektorats über Marokko, wurde das Gebäude auf Initiative von Prosper Ricard, Direktor des Service des Arts Indigènes unter Lyautey, in ein Museum umgewandelt. Es wurde zu einem ethnografischen Museum mit einer Sammlung, die ursprünglich aus Spenden von Prosper Ricard selbst, Alfred Bel und Jean Besancenot bestand. Die Sammlung des Museums wurde um Schmuck, Musikinstrumente, Keramik, Korane und Manuskripte (einige so alt wie das 12. Jahrhundert), Kostüme, Seide und Teppiche aus verschiedenen Teilen des Landes erweitert. Nach einer Restaurierung wurde es 2006 zum Nationalen Schmuckmuseum, das sich neben einigen anderen Objekten der Geschichte des marokkanischen Schmucks widmet. 2014 wurde das Museum wegen langfristiger Renovierungsarbeiten von der National Foundation of Museums geschlossen.

## ÜBER DEN AUTOR

**GMAIL: aarasheedmohammed@gmail.com**

www.ingramcontent.com/pod-product-compliance
Lightning Source LLC
Chambersburg PA
CBHW070450220526
45466CB00004B/1794